여행소회

이 일도
여행이 된다면

스마트폰 하나로
여행을 본업으로 만든
크리에이터의 성장일지

박소희 (여행소희) 지음

아시아

프롤로그

—

**평범한 마케터가
32만 여행 크리에이터가
되었던 과정**

대학생부터 꿈꾸던 회사에 입사한 지 5년차가 되던 해, 나는 퇴사했다. 동기들은 몸값을 높여 이직을 하던 시기였고, 나의 선택은 이직이 아닌 퇴사였다. 당시 내 나이 31세, 요즘은 취업하는 나이가 늦어지고 있다고 하지만 당시에 나는 서른한 살에 퇴사를 하면 재취업은 쉽지 않을 거라는 생각이 들어 '내 생에 다시 취업은 없다'라는 각오로 퇴사를 결정했다.

아이러니하게도 나는 동기들 중 누구보다도 애사심이 강한 사람이었다. 너무나도 바랐던 회사에 입사했다는 생각 때문에 입사 후 1년까지는 다시 취준생으로 돌아가 우리 회사의 입사 준비를 하는 꿈을 종종 꿨을 정도였다. 나는 하루하루 내가 하고 싶은 일을 할 수 있음에 감사하는 마음을 갖고 출근했다. 회사 생활도 만족스러웠다.

내가 다녔던 회사에는 분기마다 팀장님, 본부장님과 대면 면담을 하는 시간이 있었는데 나의 면담은 늘 5분 컷이었다. 면담을 하러 들어가면 팀장님이 "소희야, 요즘 힘든 건 없니?"라고 물어보셨고, 나는 허허 웃으며 "없어요!"라고 대답했다. 시시콜콜한 농담 몇 마디를 나누다 보면 금방 면담이 끝났다. 심지어 본부장님 면담 때는 "전 여기서 평생 일하고 싶어요!"라고 말하기도 했다. 본부장님이 이런 직원은 몇 년 만에 본다며 껄껄 웃으셨다.

그리고 2년 뒤, 나는 퇴사를 선택했다(본부장님 죄송해요).

평생 다닐 거라고 호언장담했던 회사를 내 발로 나온 이유는 '내가 좋아하는 일'을 하기 위해서였다. 여기까지 읽고, '자기계발서에서 많이 보던, 또 뻔한 그 이야기야?' 할 수도 있겠지만 이 책은 자기계발서와는 다르다.

회사의 경우 꼭 그 자리에 내가 있어야 하는 건 아니다. 이건 우리가 연차를 썼을 때도 충분히 느낄 수 있다. 내가 며칠 회사에 나가지 않는다고 해서 당장 내 프로젝트가, 우리 회사가 망할 일은 없다. 그 말인즉슨, 나의 대체재가 충분히 많다는 뜻이다. 그렇지만 사소한 것 하나에서부터 그 모든 것이 내 손을 거치지 않은 게 없는 나의 채널은, 채널의 주체인 내가 없으면 채널도 없다. 거기서 오는 뿌듯함과 동기부여가 어마어마하다. 특히 내 채널은 내 마음껏, 내 취향껏 가꿀수 있다. 내 채널에는 내가 좋아하는 것들만 올릴 수 있고, 그것을 보고 좋아해주는 팔로워들이 모여 채널의 색깔이 더 강해진다. 내가 좋아하는 것들로 채워진 그 공간에서 점점 더 '내 일'에 재미를 붙이게된다.

SNS를 처음 시작하는 분들을 위해 내가 좋아하는 일을 찾는 법에서부터 계정 세팅하는 법, 팔로워를 늘리는 법 그리고 수익화까지, 가장 기본적인 내용과 심화 내용 모두를 이 책 한 권에 담았다.

내가 이 책을 집필하게 된 이유는 2가지다. 먼저 첫 번째, '종이 사수'가 되어주기 위해서다. 이건 내가 퇴사하고 가장 힘들었던 시기에 다짐했던 것이다. 퇴사를 하고 홀로서기를 하니 모든 것을 혼자 실행하고 결정해야 한다는 게 무척 어려웠다. 그리고 당연히 모든 결정들에 대한 책임도 오롯이 나 혼자 짊어져야만 했다. 이때 누군가 정답을 알려준다면, 정답이 아닌 방향이라도 알려준다면 더 쉽고 빠르게, 덜 스트레스를 받으며 성장할 수 있지 않았을까, 하는 생각이 들었다.

회사 생활이 힘들고 고되다고는 해도 회사에서는 때에 따라 모든 일을 나 혼자 겪지 않아도 된다. 업무를 하다가 궁금한 게 있으면 사수님께 도움을 요청할 수 있고, 힘든 일이 있을 땐 동기와 커피 한 잔하며 스트레스를 날릴 수 있다. 고민이 되는 일이 있으면 팀장님과 면담을 하면 된다.

하지만 지금 내가 하고 있는 일은 동기도 사수도 팀장님도 없다. 오롯이 나 하나다. 크리에이터 시장이 서로 경쟁하는 시장이라고 보긴 어렵지만 하나의 회사처럼 모두 동일한 목표를 갖고 함께 움직이는 건 아니다 보니 누군가에게 직접적으로 방법을 물어보기 어렵다고 느낄 때가 많았다.

이런 힘듦을 누구보다 잘 알고, 그런 과정을 다 겪어왔기 때문에 크리에이터를 꿈꾸는 분들이 나와 같은 고민은 하지 않길 바라는 마음에, 종이 사수가 되어주기 위해 책을 쓰게 되었다. 궁금한 게 있을 때 옆자리 사수님에게 여쭤봤던 것처럼 이 책을 펼쳐보기 바라는 마음에서 말이다.

두 번째 이유는 누군가의 해설지가 되고 싶은 마음 때문이다. 이건 첫 번째 이유와 이어진다. 처음엔 책 집필 대신 강의를 하며 크리에이터를 꿈꾸는 분들에게 나의 성장 과정과 방법을 알려드리곤 했다(물론 강의는 지금도 하고 있다).

나의 오프라인 강의는 총 4가지 챕터로 진행되는데(인스타그램 계정 세팅/스마트폰 촬영 및 보정/직장과 크리에이터 병행 방법/수익화), 감사하게도 매 강의마다 빠르게 마감이 된다. 강의를 듣고 싶어도 빠르게 예약을 하지 못하면 기회가 없을 수도 있고 오프라인 강의의 특성상 강의료에 강의실까지 이동하는 시간도 소요되다 보니 강의를 하면 할수록 조금 더 편하게 알려드릴 방법이 없을지 고민하게 되었다. 책이야말로 내가 시간적 여유가 있을 때, 필요한 내용부터 빠르게 배울 수 있는 가장 편한 방법이 아닐까 싶다.

지금에야 누군가에게 나의 성장 과정을 알려줄 수 있지만 나 또한 팔로워가 1명이었던 시절, 첫 여행 콘텐츠를 올렸던 시기가 있다. 그리고 2024년 11월, 팔로워가 32만명이 넘으며 3년 만에 32배 성장한 32만 팔로워가 되었다. 팔로워 1만명까지 되는 데에는 1년, 1만명에서 10만명까지 4개월, 10만명에서 20만명까지 4개월, 20만명에서 30만 명까지는 2년이 걸렸다. 나의 일상을 기록하기 위해 인스타 그램을 시작했을 당시엔 상상하지 못했던 숫자다. 심지어 따박따박 나오는 월급을 포기하고 인스타그램을 전업으로 삼게 될지는 더더욱 몰랐다.

취미를 본업으로 삼을 수 있는 이유부터 지금의 나를 만들어준 떡상 콘텐츠, 지속가능한 플랜까지, 오프라인 강의에서는 시간이 부족해 더 자세히 알려드리지 못했던 내용들을 이 책 한 권에 담았다. 이 책의 마지막 장을 넘길 때는 자신감으로 가득 찰 수 있도록 나의 모든 노하우를 공유하고자 한다.

차 례

6부   인스타그램 수익

1부

**평범한 회사원의
인생을 바꾼 사진 한 장**

직장과 인스타그램을 병행할 수 있는 이유

직장인의 2대 허언이 있다. '나 퇴사한다' 그리고 '나 퇴사하고 유튜브 한다'. 허언이라고 불릴 만큼 많은 직장인들이 입에 달고 사는 말이지만 현실적인 제약들 때문에 실행에 옮기기는 쉽지 않다. 매일 출근을 하지만 퇴사를 원하고, 퇴사한 뒤 브이로그를 찍으며 여유롭게 사는 삶은 누구나 한 번쯤 꿈꿔본 삶이 아닐까?

그리고 그 허언, 내가 실제로 해봤다. 2022년, 5년 동안 다니던 회사를 그만두고 유튜브를 시작했다. 쉽지 않았다. 창으로 들이치는 아침햇살을 맞으며 침대 위에서 기지개를 켜고 일어나 그릭요거트에 그래놀라를 먹는 여유로운 삶은 영화 속에서나 가능할 것처럼 더 멀게만 느껴졌다. 일상의 순간순간을 영상으로 촬영하고, 촬영된 영상을 컷 단위로 편집하고(이 작업에 가장 많은 시간이 소요된다), 썸네일을 만들어 문구를 작성하고 업로드하는 모든 과정이 영상 편집을 한 번도 해본 적 없는 나에겐 너무나도 힘들게 느껴졌다(물론 지금도 하고 있다).

그렇지만 인스타그램은 다르다. 품이 많이 드는 영상 대신 사진 한 장만 있어도 되니 영상 편집에 비하면 훨씬 짧은 시간 안에 콘텐츠를 제작할 수 있다.

내가 직장과 인스타그램을 본격적으로 병행한 건 3년 정도 된다. 그전엔 블로그를 했었다. 블로그 포스팅 하나를 위해 50장 이상의 사진을 올리고 5,000자 이상의 글을 쓰다가 인스타그램으로 넘어와보니 인스타그램이야말로 직장생활과 병행하기에 가장 적합한 플랫폼이라는 생각이 들었다. 인스타그램은 한 번에 사진 20장까지만 업로드할 수 있고 긴 설명글도 필요없다. 단 몇 장의 사진으로 승부하는 플랫폼이다.

특히 인스타그램은 스마트폰만 있으면 가능성이 무한대로 펼쳐진다. 점심시간에 동료들과 먹은 음식, 식사 후 갔던 카페, 주말에 다녀온 여행지 등 모든 게 콘텐츠가 될 수 있다는 것도 장점이다. 무엇보다 내가 하고 싶은 걸, 내가 원하는 방향대로 마음껏 도전해볼 수 있는 플랫폼이기 때문에 누구에게나 기회가 열려 있다. 이렇게 누구에게나 열려 있는 기회를 귀찮다는 이유로, 나와는 먼 이야기라는 생각 때문에 시도도 안 해보는 건 너무 아깝지 않을까?

스마트폰을 사용하는 사람이라면 블로그나 유튜브는 몰라도 인스타그램 계정 하나쯤은 있을 것이다. 그래서 더 시작하기 쉽다. 콘텐츠 자체를 어렵게 생각하지 않아도 된다. 오늘 저녁에 갔던 식당에서 먹은 사진을 그냥 올리면 일상이 되지만, 식당 이름, 메뉴명, 가격, 맛에 대한 간단한 설명만 적어도 콘텐츠가 된다. 막상 시작해보면 별거 없는 게 인스타그램이다.

자투리 시간을 활용하자

나는 출퇴근 시간을 적극 활용했다. 집에서 회사까지 도어투도어로 1시간 거리였는데 그 시간 동안 나는 유튜브 영상이나 내가 잠자던 사이에 쌓인 다른 사람들의 SNS 피드를 보는 대신 퇴근하고 올릴 내 콘텐츠를 준비했다.

보통 출근하는 1시간 동안 여행지에서 촬영해온 수백 장의 사진 중 그날 올릴 사진을 고르고, 보정하는 작업을 했다. 잠이 덜 깨어 약간 몽롱한 상태에서는 문구를 작성하는 것보다는 사진을 보정하는 게 더 효율적이다. 온 신경을 기울이지 않아도 내가 좋아하는 색감은 나 자신이 제일 잘 알기 때문에 본능적으로 해낼 수 있게 된다. 게다가 보정이라는 작업도 하면 할수록 실력이나 요령이 금방 는다. 내가 좋아하는 색감과 분위기를 만들어내기까지의 시간도 점점 더 짧아진다.

출근 시간을 활용해서 사진 색감을 맞추는 작업을 하고, 퇴근하는 시간에는 사진에 어울리는 문구를 작성하고 업로드를 한다. 이왕이면 퇴근 시간에 맞춰서 업로드하는 게 좋은데, 대부분의 직장인이 6~7시에 퇴근하다 보니 그때 인스타그램 접속자도 많아지기 때문이다.

내 인스타그램을 어떤 타겟층이 보느냐에 따라 인스타그램 접속시간은 조금씩 다르지만, 나의 경우 25~34세 비율이 가장 높았던지라 퇴근 시간 비율이 가장 높았다. 그렇게 퇴근을 하며 업로드한 후 집에 와서는 내 게시물에 대한 반응이 어떤지, 다른 인스타그래머들은 요즘 어떤 사진을 많이 올리는지 등을 살피곤 했다.

어차피 출퇴근은 꼭 해야 하고 그 시간을 그냥저냥 다른 사람의 SNS를 들여다보며 보내고 있다면 차라리 내 계정을 운영하며 키워볼 것을 적극 추천한다. 혹시 알까? 출퇴근 시간에 가벼운 마음으로 시작했던 일이 경제적 자유를 안겨줄지를.

어떤 주제로
시작해야 할까

내 채널을 시작하기로 마음먹었다면 일단 어떤 주제로 피드를 꾸며 나갈지를 결정해야 한다. 이때 이 '주제'가 참 중요하다. 남들이 하길래 하는 거, 요즘 인스타그램에 많이 보이는 거 등 나의 관심사보단 순간의 호기심이나 유행에 이끌려 선택하는 건 매우 위험하다. 인스타그램을 꾸준히 유지하지 못하는 이유 중 하나도 나와 적합한 주제를 잘 고르지 못했기 때문이다.

••   **내가 좋아하는 것으로 시작하자**

그럼 어떻게 하면 꾸준히 할 수 있는 인스타그램 주제를 정할 수 있을까? 정답은 생각보다 간단하다. '내가 좋아하는 것'으로 시작하면 된다. 아무리 예쁜 옷이더라도 사이즈가 안 맞으면 나와 어울리지 않는 것처럼, 좋아 보이는 주제도 나와 맞지 않아 내가 꾸준히 즐기면서 올릴 수 없는 주제라면 시작을 하지 않는 편이 낫다. 그렇게 빙빙 돌아서 다시 시작할 바엔 처음부터 내가 좋아하는 게 뭔지 충분히 고민을 해보고 주제를 정하는 것을 추천한다.

좋아하는 게 뭔지 단번에 떠오르지 않는다면 평소에 내가 SNS에서 많이 보는 것이 뭔지 한번 살펴보자. 그 분야를 많이 본다는 것은 내가 그만큼 애정이 있다는 뜻이기도 하니까.

●●   지속가능한 테마와 방법을 찾자

좋아하는 것을 알았다면 그다음으로 고려해봐야 하는 점이 지속가능성이다. 예를 들어 내가 직장인인데 해외여행을 좋아한다면 아무래도 두 가지를 병행하며 콘텐츠를 꾸준히 올리기는 쉽지 않을 것이다. 인스타그램 계정을 운영한다면 적어도 주 1회는 업로드를 하는 것을 추천하는데, 직장인 신분으로 해외여행을 떠나는 일은 1년에 2~3번일 테니 아무래도 콘텐츠를 유지하기가 쉽지 않다. 그럴 때는 내가 좋아하는 분야에서 조금 더 현실적인 쪽으로 협상하는 것도 방법이다. 가령 해외여행을 국내여행 또는 국내의 숨은 여행지, 이국적

인 여행지 등으로 방향을 맞춰가는 것도 한 가지 대안이 될 수 있다.

나는 자연스럽게 여행을 테마로 인스타그램을 시작했다. 대학생 때부터 알바비를 모으면 여행을 가는 데 다 썼고 귀국 후 집으로 돌아오는 리무진에서도 친구들과 다음 여행지 이야기를 할 정도였다. 여행이 끝나는 순간에도 에너지가 방전되지 않았다.

무엇보다도 J 성향의 계획형 인간인 나는 여행지를 알아볼 때 블로그 리뷰부터 해당 나라를 여행하는 사람들이 모인 네이버 카페, 인스타그램, 유튜브, 구글 리뷰까지 모조리 다 찾아보았다. 그렇게 얻은 정보에 나만의 TIP을 더해서 SNS에 공유하는 게 즐거웠다. 내가 찾은 정보로 인해 다른 사람들이 여행 계획을 쉽게 세웠다거나 여행지에서 내가 소개한 맛집을 방문해 맛있게 먹고 왔다는 댓글들을 볼 때마다 내가 여행사 직원도, 그 식당의 사장님도 아닌데 뿌듯했다. 그리고 그 뿌듯함은 다음 포스팅을 남기는 원동력이 되었다.

아마 내가 좋아하는 일로 시작하지 않았다면 지금의 나는 없었을 것이다. 이 일은 누가 시켜서 하는 게 아닌 내가 하고 싶은 만큼, 하고 싶을 때 해야 하는 일이다. 그렇기 때문에 주제에 대한 흥미가 중요하고, 그 점이 지속가능성과도 직결된다.

좋아하는 일, 지속가능성 다음으로 고려해봐야 하는 건 '시장의 파이'다. 내가 아무리 어떤 분야를 좋아하고 그에 관해 꾸준히 업로드가 가능하다고 한들, 내 콘텐츠를 봐주는 사람들의 수 자체가 적으면 시장의 파이가 큰 쪽보단 인게이지먼트 수치가 낮게 나올 수 있다. 반대로 이미 경쟁자가 너무 많은 상황이라면? 오히려 괜찮다. 사람들이 그 분야에 대한 관심이 많다는 뜻이자 수요가 많다는 의미다. 다만 이미 선두에 있는 경쟁자들이 너무 멀게 느껴지고 경쟁에서 자신이 없다면 주제에서 한 단계 더 좁혀나가는 것도 방법이다. 가령 여행 분야라고 한다면 여행 중에서도 카페 탐방으로 테마를 정하거나, 제주도를 위주로 소개하는 등 타겟층을 보다 명확히 하는 것처럼 말이다. 어떤 주제로 시작해야 할지 모르겠다면 아래 리스트를 참고해봐도 좋다.

카테고리별 주제 LIST						
여행	자기계발	뷰티	건강	제테크	일상	IT
여행 TIP	동기부여	스킨케어	식습관	투자	맛집	최신기기
국내여행	시간관리	메이크업	다이어트	자산관리	카페	AI
해외여행	명언	뷰티제품 리뷰	슈퍼푸드	부동산	팝업스토어	IT 트렌드
숙소	인터뷰	패션	운동	주식	전시	제품리뷰

시작하고 싶은 주제를 정했다면 어떤 SNS 채널로 시작할지 정해야한다. 가장 많은 사람들이 이용하는 3개의 채널이 블로그, 인스타그램, 유튜브다. 나는 세 채널 모두 운영 중이다 보니 채널마다 장단점을 몸소 느꼈다.

유튜브 VS 블로그 VS 인스타그램

단순히 나눠본다면 블로그는 글, 인스타그램은 사진과 숏폼 영상, 유튜브는 롱폼 영상 위주의 플랫폼이다. 본인이 어떤 분야를 조금 더 잘할 수 있는지 고민해보는 게 중요하다. 내가 추천할 플랫폼은 명확하다. 가장 쉽게 그리고 빠르게 성장할 수 있는 건 인스타그램이다.

유튜브

영상 촬영과 편집이 필수인 유튜브는 진입 장벽이 있는 편이다. 요즘은 손쉽게 영상 편집이 가능한 프로그램이 많이 생겼다고 하지만 그래도 단순히 글을 쓰고 사진을 찍는 것보다는 훨씬 더 품이 많이 드는 게 사실이다. 때문에 시작하는 사람들에게 추천하는 플랫폼으로 유튜브는 가장 먼저 제외했다.

블로그

블로그는 인스타그램보다 훨씬 자유도가 높다. 한번에 올릴 수 있는 사진 매수에 제한이 없으며 글을 작성할 때에도 분량 제한이 없다. 나의 감정을 표현하는 스티커를 붙이거나 관련 링크, 동영상도 첨부할 수 있다. 특히 타 채널보다 글을 길게 작성할 수 있는 게 가장 큰 특징이다.

여행 포스팅을 예로 들어보자. 블로그 포스팅을 할 땐 여행지를 선택한 이유에서 시작해 유명한 장소들, 맛집, 숙소 정보부터 그 장소에 가는 방법과 꿀팁, 관련 장소를 자세히 볼 수 있는 홈페이지 링크까지 모두 추가할 수 있다. 나는 해당 여행지에 대한 정보를 깊이 알고 싶을 때 주로 블로그 채널을 활용한다. 비주얼 중심인 인스타그램의 경우 오히려 글이 많으면 스크롤을 휙 넘겨서 다른 게시물로 이탈하는데, 블로그는 글이 많으면 많을수록 보는 이로 하여금 알찬 포스팅이라고 느껴지게 한다. 유저들이 블로그와 인스타그램을 접하는 태도와 그를 통해 얻고자 하는 정보 자체가 다르기 때문이다.

인스타그램

인스타그램은 이 장소가 어떻게 생겼고, 여기서 인생샷은 어떻게 남기고, 음식 비주얼은 어떤지 즉, 사진 위주로 보려고 검색을 하는 채널이다. 특히 요즘엔 인스타그램에 숏폼 영상인 '릴스' 콘텐츠가 주를 이루며 10~30초 내외의 짧은 영상으로 해당 장소가 어떤 분위기인지 파악하기 위해 많이 이용하기도 한다. 글로 자세히 이 장소는 어떻다 설명하는 게 아닌, 사진 하나, 영상 하나로 임팩트를 줄 수 있어야 한다.

　기간으로 따지고 보면 블로그를 더 오래했지만 인스타그램에서 더 빠르게 성장할 수 있는 이유가 이 점이었는데 군이 사진과 영상을 엄청 잘 찍지 않아도 사람들이 좋아할 만한 포인트만 잘 찾으면 게시물이 떡상하는 경우가 여럿 있었다.

　'인스타그램은 사진을 잘 찍어야 되는거 아니야?'라고 생각하는 경우가 많은데 절대 그렇지 않다. 뒤에서 자세히 설명하겠지만 나도 처음엔 똥손이었지만 지금은 32만 여행 크리에이터가 되었다.

하나부터 열까지 꼼꼼하게 알아보는 걸 좋아하고 이를 매끄럽게 잘 정리하는 데 자신이 있는 사람이라면 블로그를, 전체적인 내용보다는 후킹할 만한 포인트를 잘 잡고 글보단 사진에 조금 더 재미가 있다면 인스타그램을 추천한다.

2부
—

인스타그램
시작하기

인스타그램은
레드오션이다?

인스타그램 강의를 할 때 꼭 듣는 질문 중 하나가 '지금 시작하기엔 너무 늦은 거 아닐까요?'라는 걱정이다.

각 분야에서 이미 선두에 자리를 잡은 크리에이터들이 많다 보니 마음먹고 시작을 했다 하더라도 이미 레드오션이라 '잘될 가능성이 낮으면 어떡하지'라는 걱정 때문에 이런 질문을 한다는 점은 충분히 이해한다. 하지만 결론부터 말하자면 인스타그램에 레드오션이라는 개념은 없다. 그리고 내가 산증인이다.

내가 여행 인스타그램을 키우기 시작하던 때에도 이미 이름난 크리에이터들이 있었다. 여행책을 출간하고 해외여행을 공짜로 다니는 크리에이터들, 팔로워가 몇십만인 크리에이터들도 많이 있었다.

- @_sohee.e 계정 팔로워 증가 추이

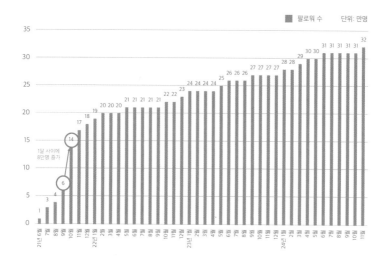

위 이미지는 내 인스타그램의 팔로워 증가 추이이다. 여행 인스타그램 계정을 본격적으로 키웠던 해인 2021년 6월에 1만 팔로워가 되었고 2024년 11월, 32만 팔로워를 달성하며 약 3년 만에 32배 성장했다. 인스타그램에 레드오션이라는 개념이 있다면 평범했던 내 계정이 이렇게 급성장할 수 있었을까?

누구나 인스타그램으로 성장할 수 있는 이유는 '알고리즘' 때문이다. 크리에이터들 사이에선 알고리즘이 '신'이라고 불릴 정도로 알고리즘이 내 게시물을 추천하면 떡상하는 건 시간 문제다.

예를 들어 겨울 여행코스를 계획하고자 인스타그램에 #겨울여행 #겨울여행숙소 #겨울가볼만한곳 등을 3~4번만 검색해도 인스타그램 '탐색' 탭에 겨울 여행 관련 게시물이 뜨게 된다.

보통 탐색 탭에는 아래와 같은 콘텐츠가 뜬다.

1. 내 관심분야(여행)에서 뜨고 있는 콘텐츠

2. 트렌드/인스타그램이 밀어주는 콘텐츠

3. 사람들에게 반응이 좋은 콘텐츠

즉, 탐색 탭에 뜬다는 것은 알고리즘에 노출되었다는 의미이다. 인스타그램에 게시물을 업로드하면 나를 팔로우하고 있는 사람들에게 내 게시물이 노출되지만, 탐색 탭에 내 게시물이 뜨게 되면 나를 팔로우하고 있지 않은 사람에게도 게시물이 노출되면서 좋아요나 댓글 등 인게이지먼트 수치가 잘 나오게 되고, 이건 팔로우 증가에도 긍정적인 영향을 미친다.

이는 내 게시물의 도달 수치를 봐도 알 수 있다. 좋아요가 많이 눌

#겨울여행 #겨울여행숙소 #겨울가볼만
한곳 등을 검색한 후 인스타그램 '탐색' 탭
피드

린 게시물을 인사이트 수치를 살펴보면 늘 '탐색'의 수치가 높은 걸 확인할 수 있다. 이 말인즉슨 탐색 탭에 노출되면 내 계정이 성장하는 건 시간문제라는 뜻이다.

어떻게 하면 탐색 탭에 노출될 수 있을까? 보통 알고리즘은 내가 관심이 있는 분야를 AI가 인식해서 추천 게시물을 보여준다. 앞에서 예시로 들었던 겨울 여행과 마찬가지로 말이다. 즉, 내 게시물이 겨울 여행을 검색했을 때 바로 노출되지 않더라도 다른 사람들이 겨울 여 행을 검색했을 때 게시물을 넘기다 보면 세 번째, 네 번째 게시물엔 내 게시물이 노출될 수 있다는 점이다.

@_sohee.e 계정의 인사이트 수치

이 말은 기존에 자리 잡고 있는 크리에이터들의 덕을 볼 수 있다는 뜻으로, 오히려 레드오션이 긍정적인 영향을 미칠 수 있다는 거다. 그래서 인스타그램 카테고리를 정할 때 내가 좋아하는 분야를 디폴트로 가져가되 나만 좋아하는 분야로 시작하는 건 위험하다. 내 게시물을 누군가가 검색을 해주고, 남들도 해당 카테고리 게시물을 계속 올려줘야 한다. 그래야 나도, 같은 분야의 크리에이터도 알고리즘이라는 열차에 탑승할 수 있기 때문이다.

인스타그램 프로필
세팅하기

내가 좋아하는 주제와 채널을 정했다면 이제 프로필을 세팅해야 한다. 어느 채널이나 동일하게 접근하면 되지만 나의 주 채널인 인스타그램을 예로 들어 하나씩 설명하고자 한다.

●●   프로필

먼저 '프로필'이란, 인스타그램 계정에 들어갔을 때 보이는 이름부터 소개글, 링크, 하이라이트, 상단 6~9개 게시물을 의미한다. 사람과의 관계로 따지면 첫인상 또는 첫 만남에서 주고받는 명함이라고 생각하면 된다. 프로필 세팅을 가볍게 여기고 게시물을 올리는 일에 급급

@_sohee.e 여행소희 프로필

할 수도 있지만 첫인상 3초의 법칙처럼 잘 정돈된 프로필이 주는 힘은 크다. 유저들이 내 계정을 팔로우하느냐 안 하느냐는 내 프로필에 따라 결정되고, 협찬을 받을 수 있는지 없는지도 이 프로필에 달려 있기 때문이다.

'프로필의 힘이 그 정도라고?' 싶다면 흔히 우리가 인스타그램을 하는 패턴을 생각해보면 쉽다. 릴스를 구경하다가 내 취향의 릴스를 발견해서 그 인스타그래머의 계정에 들어갔는데 소개란에 알 수 없는 문구가 써 있거나 피드가 내 취향과 거리가 먼 '잡스타그램'이라면? 군이 팔로우까지 하지 않고 다른 영상으로 넘어가게 된다. 즉, 이 계정에서 어떤 정보를 주고 있는지(=어떤 주제의 계정인지), 어떤 유익한 정보를 얻을 수 있는지가 프로필상에서도 확인할 수 있어야 팔로우까지 하게 만든다는 것이다.

프로필 사진

프로필 세팅은 시선이 가는 순서대로 하면 된다. 내 프로필로 예를 들자면 처음 계정에 들어왔을 때 가장 먼저 시선이 가는 건 프로필 사진이다. 내 프로필 사진은 누가 봐도 여행지에서 찍은 사진이다.

이렇듯 사진만 봐도 이 계정이 어떤 주제의 계정인지 나타나야 한다. 내 피드에 엄청난 게시물이 있고 소개란에 화려한 경력이 있더라도, 댓글창만 보면 내 아이디와 프로필 사진만 보인다. 여행 계정을 운영하지만 프로필 사진에 반려견 사진을 해두고 댓글을 작성한다면? 댓글창을 봤을 때 '이 계정은 여행 계정이 아니라 반려견 계정이구나' 하고 생각하는 사람들이 훨씬 많을 것이다.

아이디 또한 마찬가지이다. 프로필 사진에 여행지에서 찍은 사진을 해두고 'beauty_sohee' 같은 아이디를 남기면 여행 계정인지 뷰티 계정인지 혼란이 올 수 있다.

그리고 한 가지 더. 인스타그램 아이디를 만들 때 헷갈리게 하는 아이디는 절대 비추천이다. 예를 들면 lilililili / jiiiiiin / o_____o처럼 l이 몇개인지 i가 몇개인지 _는 몇 개인지 한눈에 알아보기 힘들면 사람들이 아이디를 기억하기 쉽지 않다. 이름이나 닉네임을 활용하여 깔끔하게 만들거나 아이디에 travel, food 등을 추가해 아이디만 보고도 내 주제를 알 수 있게끔 만드는 것도 추천할 만한 방법이다.

아이디를 정했다면 이제 인스타그램 내에서의 나의 이름, 닉네임을 정할 차례이다. 이 부분을 공란으로 두거나 이모티콘 등으로 표기해 두는 사람들도 있는데 생각보다 이름 부분이 중요하다. 왜냐하면 인스타그램 검색창에 검색했을 때 노출되는 키워드가 이름 부분에 해당되기 때문이다.

이름 부분은 해외 유저들까지 타겟으로 하는 게 아니라면 한글을

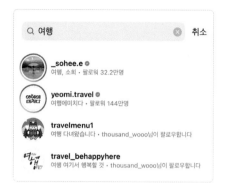

인스타그램에 '여행' 검색 시 노출되는 화면

추천한다. 대부분의 우리나라 사람들이 검색할 때 영어나 일어보다는 한글로 검색하기 때문이다. 내 닉네임이 '여행소희'인 이유도 여기에 있다. 검색창에 '여행'을 검색하면 내 계정이 상단에 노출되길 원했기 때문이다. 즉 이름 부분은 내가 어떤 주제/분야인지, 사람들이 어떤 키워드를 주로 검색하는지를 고민해서 정하는 걸 추천한다.

소개글

소개글은 내 인스타그램 계정의 핵심을 3~4줄로 기재한다고 생각하면 된다. 단, 문장이 아닌 짧고 간단한 단어와 핵심 키워드와 관련된 이모티콘을 넣어주면 가독성을 더 높일 수 있다. 소개글은 더보기로 넘어가지 않는 3~4줄이 적당하다.

1. 내가 어떤 사람인지

2. 이 계정에서 어떤 정보를 주고 있는지

3. 내 가치를 입증할 수 있는 자료가 있다면 어떤 건지(릴스 누적 조회수, 수상, 홍보대사 이력 등)

4. 서브채널 또는 링크 유도글

위와 같은 순서대로 기재하는 걸 추천한다.

••   **링크**

인스타그램 계정당 1개의 링크를 프로필에 추가할 수 있다. 서브채널로 블로그, 유튜브, 틱톡 등 여러 채널을 운영하고 있어서 링크에 넣고 싶은 게 많다면 링크 축약 사이트(ex. 인포크링크, 리틀리 등)를 이용하여 하나의 링크에 여러 링크를 넣는 것도 방법이다. 서브채널 외에도 사업을 하고 있는 사람이라면 판매 링크를, 따로 홍보하고 싶은 게 있다면 본인의 포트폴리오를 넣어도 된다. 링크 부분은 나의 가치를 더 보여줄 수 있는 창구라고 생각하면 된다.

하이라이트는 피드와 다르게 스토리로 올렸던 사진이나 영상을 고정해둘 수 있는 기능이다. 인스타그램 스토리 특성상 24시간 뒤에는 사라지게 되는데 그대로 휘발시키기엔 아까운 사진이나 영상, 정보들을 각 카테고리별로 묶어서 고정해두면 된다. 어떤 걸 고정해둬야 할지 고민된다면 나에 대해 보여주고 싶은 카테고리가 어떤 게 있을지 생각해보자.

나의 경우 '여행'이 메인이다 보니 국가, 숙소, 맛집, 카페 등으로 묶어서 고정해두었다. 하이라이트의 경우 다른 프로필란보다 비교적 신경을 덜 쓰게 되는데, 이때 70주 전, 100주 전 등 너무 오래된 하이라이트가 앞쪽에 배치되어 있다면 순서를 뒤쪽에 배치하거나 과감히 삭제하는 것이 좋다. 왜냐하면 하이라이트는 업로드했던 스토리를 고정해두는 용도기 때문에 이미 해당 스토리를 봤던 기존 팔로워들보다는 새로 유입된 팔로워들이 많이 보곤 한다. 첫 번째 하이라이트를 눌렀을 때 저화질의 영상이나 유행이 지난 하이라이트(스토리도 유행하는 형태가 있다) 또는 오래된 정보가 나온다면 하이라이트 다음에 위치한 피드까지 잘 안 보게 될 수도 있기 때문이다.

프로필에서 면적상 가장 큰 비중을 차지하고 있는 부분, 바로 피드이다. 인스타그램은 글이 아닌 비주얼 중심 플랫폼이기 때문에 피드 이미지가 주는 힘은 상당히 크다. 1부의 '어떤 주제로 시작해야 할까' 챕터에서도 자세히 설명했지만 한 계정에 여러 가지 주제를 담기보다는, 한 가지 주제에 집중하거나 많아도 2개 정도까지의 주제를 추천한다. 여러 가지 주제로 피드를 운영하면 흔히 '잡스타그램'이라고 부르는 이도 저도 아닌 계정처럼 보이기 때문이다(취미도, 운영하고 싶은 주제도 다양하다면 차라리 각각의 계정을 따로 개설하여 운영하는 걸 추천한다).

주제가 정해졌으면 피드 이미지들만 봐도 어떤 주제의 계정인지 한눈에 알 수 있게끔 통일해야 한다. 적어도 상단 6~9개 게시물의 80% 이상에는 내 주제가 나타나 있어야 처음 유입되는 유저들도 내 피드만 봐도 어떤 계정인지 알 수 있을 것이다.

앞에 설명한 인스타그램 프로필 세팅을 한 장으로 정리하자면 아래와 같다. 내 계정을 명확히 나타내는 프로필은 팔로워 전환율을 2배 이상 높여줄 수 있다. 나 또한 다른 인스타그램 계정을 둘러보다가 프로필의 한 줄에 꽂혀 팔로우를 한 적이 꽤 있다. 인스타그램 주제를 정했다면 프로필 세팅부터 시작해보자.

항목	TIP
프로필사진	1. 내 계정의 주제가 나타나는 사진 2. 어디서든 저장할 수 있는 SNS 밈 이미지 사용 지양 (누구나 사용할 수 있는 사진이기 때문에 타 계정과 헷갈릴 수 있음) 3. 사업 계정(카페/식당 등)의 경우 공간을 드러낼수 있는 사진
아이디	1. 아이디만 보고도 어떤 계정인지 나타나면 BEST (ex. 인테리어 계정 home_sohee) 2. 한눈에 들어오는 깔끔한 아이디 3. 중복되는 알파벳, 언더바 지양 (ex. lilililili / jiiiiiin / o____o)
이름(닉네임)	1. 나를 나타낼 수 있는 키워드 작성 (지역, 주제 등 사용) 2. 검색 노출을 위해 한글로 작성 (해외 타겟의 경우 영문으로 작성)

항목	TIP
소개글	1. '더보기'로 넘어가지 않게 3~4줄로 짧게 작성 2. 내 가치를 입증할 수 있는 자료가 있다면 함께 작성 (수상, 홍보대사 이력, 조회수 등) 3. 문장보다는 키워드로 직관적이게 작성 (숫자, 이모티콘 등을 활용하는 것도 방법)
링크	1. 여러 링크가 필요할 시 링크 축약사이트 이용 2. 링크에는 포트폴리오, 예약 링크, 타 SNS 등 적용
하이라이트	1. 너무 오래된 하이라이트는 뒤쪽으로 순서 변경 또는 삭제 2. 내 주제에 맞는 하이라이트 구성 (여행 주제일 경우 국가별 또는 숙소/맛집/관광지 등) 3. 브랜드 계정은 리뷰/메뉴/공지 등으로 활용
피드	1. 최대한 1가지의 주제, 많아도 2가지의 주제만 올리기 (다수의 주제가 올라가면 일상 또는 잡스타그램 느낌) 2. 상단 6~9개 게시물 중 80% 이상에 주제에 맞는 콘텐츠 노출 (게시물 또는 릴스를 고정해두는 것도 방법)

썸네일과
첫 줄의 중요성

SNS 게시물을 업로드할 때 가장 중요한 게 무엇일까? 나는 첫 번째는 썸네일, 두 번째는 본문의 첫 번째 줄이라고 생각한다. 보통 인스타그램 게시물을 올릴 때 10장을 맞춰서 올리는데 아무리 10장 모두 예쁜 사진으로 채워봤자 보통은 앞에 1~3장만 보고 엄지손가락을 밀어 다음 사람의 게시물로 넘어간다. 슬프지만 이게 현실이다.

인스타그램에는 1분에 34만 개의 포스팅이 올라온다고 한다. 그만큼 매분, 매초마다 엄청난 사진들이 사람들의 뉴스피드에 업데이트된다. 이렇게 온갖 콘텐츠가 쏟아지는 세상에서 사람들이 내 게시물의 마지막 10번째 사진까지 보게 만들려면, 상세하게 쓴 정보를 끝까지 읽게 만들려면 어떻게 해야 할까?

썸네일은 어떤 사진으로 할지, 본문의 첫 줄은 어떤 내용으로 작성할지가 사람들로 하여금 마지막까지 보게 만드는가 아니면 그냥 넘기는 게시물 중 하나가 될 것인가를 정한다. 그래서 나는 게시물을 올릴 때 썸네일을 고르는 일에 사진 보정만큼이나 많은 시간을 쏟는다. 매일매일 나만의 이상형 월드컵을 하는 셈이다.

보통은 인물이 있는 사진을 썸네일로 많이 쓴다. 사람의 심리상 사진에 인물이 들어간 사진에 더 눈이 가기 마련이다. 특히 여행 계정의 경우 이 사람은 이 장소에서 어떻게 찍었는지 궁금하고, 나도 그 장소에 가면 비슷하게 따라 찍고 싶은 마음에 게시물을 참고하기 마련이다. 즉 '이 장소에서 이렇게 찍으면 잘 나와요'라는 걸 사진으로 보여주면 다음 사진은 어떻게 찍었는지 궁금해서 두 번째, 세 번째 마지막 사진까지 보다가 피드에 있는 다른 게시물까지 보게 된다.

인물이 있는 사진을 쓸 계획이 없는 계정이라면? 사진에서 인물의 비중이 큰 여행이나 패션, 뷰티 쪽은 인물이 등장하면 좋지만 그렇지 않은 경우는 상관없다. 썸네일에서 중요한 건 '인물'이 아니라 '시선을 확 끄는 사진'이니 말이다. 글로 따지면 두괄식이라고 생각하면 된다.

나의 경우 숙소나 여행지에서 촬영한 결과물이 있을 때 메인 포토존에서 찍은 걸 제일 첫 장에 둬서 이 장소엔 이렇게나 멋진 포토존이 있다는 걸 보여주고 시작한다. B컷은 두 번째, C컷은 세 번째 순으로 말이다. 그리고 '색감'도 한몫한다. 보정하는 사람의 성향이나 피사체에 따라 다르겠지만 앞에서 말했듯이 인스타그램에만 1분에 34만 개의 게시물이 올라온다. 쏟아지는 게시물들에서 눈에 띄는 가장 쉬운 방법 중 하나가 색감이다. 딱 봤을 때 강렬해 보여서 '이거 뭐지?' 싶게 만드는 색감 말이다. 그래서 나의 경우 제일 처음 보게 되는 썸네일만큼은 뒷장의 이미지보다 다채로운 사진이나 색감이 또렷한 사진으로 배치하고 있다.

시선을 묶어두는 첫 줄

썸네일만큼 첫 줄도 중요하다. 특히 인스타그램 게시물은 모바일로 봤을 때 두 번째 줄까지밖에 안 보이기 때문에 더욱 그렇다. 뒷부분에 아무리 중요한 내용을 써봤자 사진과 마찬가지로 모바일에 노출되는 두 번째 줄까지 시선을 끌지 않으면 끝까지 보질 않는다. 생각해보면 슬픈 일이기도 하다. 아무리 열심히 써도 읽히질 않는다니 말이다.

나는 썸네일에는 '인물'을 많이 활용하고 소개글의 첫 줄에는 '숫자'를 적극 활용한다. 예를 들어 '이십만원대 숙소'라고 쓰는 것보다 '20만원대 숙소'라고 쓰는 게 눈에 훨씬 잘 읽히는 것처럼, 같은 내용이더라도 한글로 쭉 쓰는 것보단 중요한 내용, 포인트가 될 만한 내용들은 숫자로 바꿔서 더욱 시선이 가게 만든다. 그리고 '지역명'을 함께 기재해주는 것도 한 방법이다. '5년 연속 미슐랭에 선정된 맛집'보다는 '5년 연속 미슐랭에 선정된 서울 맛집'이라고 쓰는 게 조금 더 친절하기도 하고 '서울'에 사는 사람들은 더 눈여겨보기 때문에 모수를 잡는 데 효과가 있다.

끝까지 볼 수밖에 없는 장치를 거는 보다 더 노골적인 방법도 있다. 멘션 첫 줄에 위에 예로 든 '5년 연속 미슐랭에 선정된 맛집'을 적었다면 두 번째 줄에 '20% 할인 방법은 본문에 자세히 써둘게요' 등을 작성해서 본문을 끝까지 보게 만드는 방법이다. 이렇게 작성할 경우 꿀팁이라고 내세울 수 있는 걸 최하단에 작성하면 유저들로 하여금 게시물에 잔류하는 시간이 늘어나게 된다. 특히 릴스(영상)의 경우 릴스가 재생되고 있는 시간이 조회수로 책정되는데 본문을 자세하게 적을수록(단 무작정 자세히 적는 게 아닌 꼭 필요한 정보가 상세히 기재 되어 있을수록) 유저들이 꼼꼼히 본문을 참고하게 되고, 참고하는 동안 영상이 계속 재생되어 조회수가 높아지게 되는 효과도 있다.

사진의 퀄리티를 높이는
스마트폰 세팅 방법

다들 이런 경험 한 번씩 있을 것이다. 친구도 혹은 내가 즐겨보는 크리에이터도 나와 같은 기종의 휴대폰을 사용한다고 했는데 내가 찍은 사진과 묘하게 달라서 답답한 느낌. 최신형의 휴대폰을 사용하더라도 어떻게 세팅해서 촬영하느냐에 따라 결과물은 하늘과 땅 차이다.

사진 촬영 설정하기

나는 SNS에 올리는 모든 콘텐츠를 아이폰으로 촬영하고 있는데 어떤 카메라를 사용하고 있느냐는 질문을 종종 받는다. 고화질로 업로드를 해서 카메라로 촬영했다고 생각하는 사람들이 종종 있는데, 휴대폰으로도 카메라로 찍은 듯 고화질로 촬영하는 방법이 있다.

첫 번째 방법은 'RAW' 설정이다. 요즘에 나오는 휴대폰 카메라 화질이 워낙 좋긴 하지만 그보다 더 고화질로 촬영을 하려면 RAW로 설정을 켜면 된다. RAW는 훨씬 더 높은 화질과 더 섬세한 색감 보정이 가능하다. 카메라로 촬영하는 사진작가들도 휴대폰으로 촬영할 때는 RAW 설정을 꼭 켜고 촬영한다고 한다.

RAW 설정 방법

아이폰 : 설정 > 카메라 > 포맷 > ProRAW 설정 켜기

갤럭시 : 더보기 > 프로 모드 설정 켜기

두 번째 방법은 격자(안내선) 설정이다. '나 사진 좀 찍는다' 하시는 분들 중에서 격자를 설정하지 않은 사람이 없다고 봐도 무방할 정도로 가장 쉬우면서도 강력한 툴 중 하나가 격자다. 격자를 설정해두면 카메라를 켰을 때 미세한 격자 안내선이 화면에 노출되는데 해당 격자를 참고해서 촬영하면 수평과 수직을 맞추기가 쉬워진다. 수평과 수직은 사진 촬영에 있어서 기본 중에 기본일 정도로 중요한데, 이를 쉽게 도와주는 기능이 격자다.

격자 설정 방법

아이폰 : 설정 > 카메라 > 격자 설정

갤럭시 : 카메라설정 > 수직수평안내선 설정

수평이 맞지 않았을 경우

수평이 맞았을 경우

—

아이폰의 수준기 기능을 활성화하고 바다를 찍었을 경우

　격자보다 더 쉽게 수평을 맞추는 방법은 '수준기' 설정이다. 수준기 설정을 켜두면 격자와 동시에 확인이 가능해서 수평을 맞추기가 더 편리해진다. 특히 수준기는 바닷가에서 촬영할 때 유용하게 쓰고 있는데, 수평이 딱 맞았을 때 미세한 진동과 함께 수평선이 노란색으로 바뀌어서 그 순간에 촬영을 하면 완벽한 수평을 맞출 수 있다.

사진에 RAW 설정이 있다면 동영상에는 4K가 있다. 4K는 기본으로 설정되어 있는 1080p보다 고화질로 영상을 찍을 수 있게 설정하는 기능이다. 유튜브 영상을 볼 때 화질 설정을 높은 화질(1080p)에서 고급(1440p 또는 2160p)으로 변경하면 훨씬 더 고화질로 볼 수 있는 것처럼, 사진을 촬영할 때에도 고화질로 촬영하도록 변경하는 기능이다. 나의 경우 4k로 설정하고 fps는 30으로 설정했다. fps란 1초당 보여지는 사진의 수를 의미한다. 숫자가 높으면 1초당 보여지는 사진이 많아지므로 부드러운 영상을 얻을 수 있지만 그만큼 용량을 많이 차지한다. fps는 취향 차이이기 때문에 24fps, 30fps, 60fps 하나씩 클릭해보며 본인의 취향에 맞게 선택하면 된다.

동영상 해상도 설정 방법

아이폰 : 설정 > 카메라 >비디오 녹화

갤럭시 : 카메라 > 상단 톱니바퀴 모양 > 후면 사진크기 or 전면
                  사진크기

    사진의 RAW 설정도 영상의 4K도 고화질로 촬영할 수 있다는 장점이 있지만 단점은 용량을 많이 차지한다는 점이다. 특히 SNS를 하

다 보면 휴대폰으로 촬영을 해야 하는 일이 많아서 용량과의 싸움은 숙명 같은 거다. 여행 가서 휴대폰으로 사진을 많이 찍다 보면 용량이 부족하다는 팝업이 뜨면서 더 이상 촬영이 어려웠던 경험이 있는 사람들도 있을 것이다. 신나게 촬영하다가 그런 팝업이 뜨면 급하게 카톡 대화방이나 영상을 지우거나 안 쓰는 앱을 삭제하곤 하는데 순간 포착이 중요한 상황에 이런 팝업이 뜨면 난감하다.

나 또한 휴대폰 용량 때문에 스트레스를 많이 받다가 현재는 광명을(?) 찾았는데, 방법은 아이클라우드 업그레이드다. 한달에 만원 초반대면 2TB의 용량을 사용할 수 있어서 휴대폰으로 영상 촬영을 할 때도 용량 걱정을 덜 수 있다. 아이클라우드 외에도 각자 편의에 맞게 네이버 MY BOX 또는 구글 포토, 원드라이브 등을 활용할 수 있다.

스마트폰 하나로
32만 팔로워를 만들어준 보정 방법

인스타그램을 오래 하다 보니 하루에도 DM으로 수많은 질문이 오는데, 크게 세 종류로 분류해볼 수 있다. 첫 번째는 숙소를 추천해달라는 질문이다. 내가 여행 중에서도 숙소 위주로 게시물을 올리다 보니 여행지에 맞는 좋았던 숙소를 알려달라는 질문이 많다. 두 번째는 사진 촬영에 사용하는 기기에 대한 질문이다(앞에서 밝혔다시피 아이폰을 사용하고 있다.) 마지막으로 많이 받는 질문은 사진 보정에 관한 것이다.

•• 편집 어플을 활용하자

나는 촬영도 스마트폰으로 하는 만큼 보정 또한 노트북이나 데스크

아이폰 사진 기본기능으로 수평, 수직 조정
장면 캡쳐

탑 대신 스마트폰 하나로 해결하고 있다. 스마트폰만 있다면 누구나 나만의 색감을 만들 수 있다고 생각한다. 나의 경우 사진은 라이트룸 어플, 숏폼은 캡컷 어플을 사용하고 있다. 라이트룸 어플은 아이폰뿐만 아니라 안드로이드 유저도 사용할 수 있는 무료 어플이다(유료 버전도 있지만 무료 버전으로도 충분하다).

수평과 수직은 앞 챕터에서 소개한 대로 '격자'와 '수준기' 설정을 활용해 촬영하면 대부분 잘 맞지만 세팅을 잘했는데도 비뚤어진 경

56

라이트룸 보정 캡쳐화면

우 사진첩 편집에 있는 기능으로 수평과 수직을 맞출 수 있다(이는 라이트룸에서도 가능하다). 사진의 기본은 수평과 수직이기 때문에 색감 보정 전 이것부터 잘 맞춰두고 시작하는 걸 추천한다.

나만의 색감 찾기

수평과 수직을 잘 맞췄다면 본격적인 색감 보정을 해야 한다. 라이트룸에는 수많은 기능이 있지만 내가 가장 많이 사용하는 건 밝기와 색상 부분이다. 먼저 '라이트룸 〉편집'에 들어가면 항목별로 수치를 조정할 수 있는데 밝기 부분 먼저 설명을 해보겠다.

노출

노출은 모든 영역에 대해 같은 비율로 밝기를 조정한다. 따라서 노출값을 올리다 보면 사진이 밝아지다가 결국 가장 밝은 부분에 하얀 명

라이트룸 노출값 조절

이 생기며 사진이 통째로 날아갈 수 있어 노출 부분은 미세하게 조정
하는 게 좋다.

대비

대비는 밝고 어두운 부분의 경계 정도를 조절하는 기능이다. 여기서
부터는 본인의 취향이 들어간다. 나의 경우 대비값을 높여 밝고 어두
운 경계가 강하게 보이는 것보다 균일하게 보이는 편을 선호하기 때

라이트룸 대비값 조절

문에 대비값은 낮춰서 보정을 하고 있다.

밝은 영역/어두운 영역

내가 라이트룸을 사용하는 이유 중 하나가 '밝은 영역' 때문이라고 봐도 과언이 아닐 정도로 애용하는 보정기능 중 하나다. 밝은 영역은 단어 그대로 사진에서 밝은 부분을 더 밝게 하거나 어둡게 할 때 사용하는 기능인데 특히 야외 풍경사진을 찍었을 때 잘 활용할 수 있다.

오른쪽 예시 사진처럼 자연광이 잘 드는 시간에 촬영 후 밝은 영역값을 높이면 더 화사하게, 낮추면 대비를 낮춘 것처럼 밝기가 균일하게 맞춰진다. 이것도 취향 차이지만 나의 경우 밝은 영역값을 높여서 밝은 부분이 눈에 띄는 것보단 전체적인 톤을 맞추는 것을 선호하여 밝은 영역은 되도록 낮춰서 보정을 하고 있다. 사람마다 기호가 다르니 하나씩 만져보면서 본인의 취향을 알아가는 것도 보정 작업의 재미다. 예시 사진 하나를 골라 직접 작업해보는 걸 추천한다.

어두운 영역값은 밝은 영역과 반대로 어두운 부분의 밝기만을 조절해주는 값이다. 특히 이 기능은 낮에 인물 사진을 찍었는데 역광일 경우나 피부가 잿빛으로 나와 살리기 힘든 경우에 사용하면 효과적이다. 이때 어두운 영역값을 높이면 역광 사진에서 탈출할 수 있다. 나의 경우 어두운 영역 부분의 수치를 높여서 사용하고 있다.

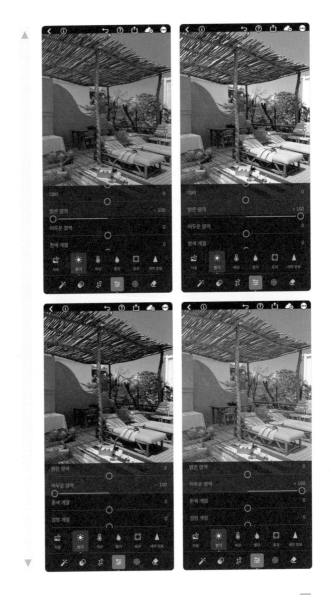

▲ 라이트룸 밝은 영역값 조절 | ▼ 라이트룸 어두운 영역값 조절

흰색 계열/검정 계열

흰색 계열은 흰색을 가진 영역만, 검정 계열은 검정색을 가진 영역만 조절을 한다고 보면 된다. 라이트룸 어플의 장점 중 하나는 명칭만 봐도 이게 어떤 기능인지 직관적으로 알 수 있다는 점이다. 사진 초보자들도 쉽게 어플을 사용해볼 수 있다.

흰색 계열의 경우 아이폰 기본 보정에서 '휘도'와 비슷하다고 많이 느꼈는데, 나의 경우 사진이 조금 칙칙해서 화사하게 보정하고 싶을 때 흰색 계열을 많이 높이는 편이다.

반대로 검정 계열은 어두운 날, 비 오는 날, 숲 등에서 촬영한 경우에 활용한다. 이땐 검정색이 사진에 많다 보니 검정 계열 수치를 높여 너무 어둡게 보이지 않게 보정하고 있다. 물론 비 오는 날이나 숲 본연의 분위기를 살리고 싶다면 검정 계열 수치를 높일 필요는 없다.

보정에 정답은 없다. 보정은 개인의 취향이 담길 수밖에 없으므로 자신만의 색감을 찾는 방향으로 개성을 살리면 된다. 나의 경우 어두운 사진보다는 밝은 톤의 사진을 선호하기 때문에 해당 수치값을 올려서 보정하고 있다.

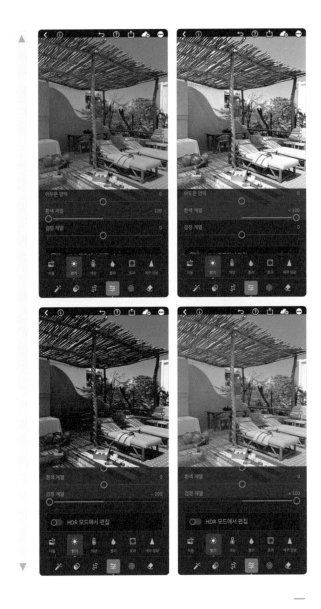

▲ 라이트룸 흰색 계열값 조절 | ▼ 라이트룸 검정 계열값 조절

색온도/색조

색온도는 사진에서 파랑과 노랑 색감을 조절하고 색조는 분홍과 초록 색감을 조정한다고 보면 된다. 나의 경우 보통 색온도를 높이면 색조도 높이고, 색온도를 낮추면 색조도 낮추는 형태로 묶어서 사용할 때가 많다.

맛집이나 카페 사진을 많이 찍는다면 이 부분은 더 집중해도 좋다. 포털사이트에 '다이어트짤'이라고 검색하면 음식이 파랗게 보정되어 있는 사진들을 볼 수 있다. 그런 사진들이 떠도는 이유가 사람 심리상 파란 색감을 보면 식욕이 감퇴하기 때문이다. 여기까지 읽고 눈치를 채는 분들도 계실 거 같은데, 맞다. 맛집이나 카페 등 음식 사진을 보정할 때 자주 활용되는 게 '색온도'이다. 파란색과 보색인 노란 색감을 높이면 똑같이 찍은 음식 사진이더라도 더 맛있게 보일 수 있다. 거기에 붉은 색감을 살리기 위해 색조까지 조금 높이면 더 완성도 있는 사진이 된다.

색온도와 색조는 음식 사진 외 다른 상황에서도 잘 사용하고 있는데 바로 일몰과 일출 때다. 나의 경우 숙소를 위주로 많이 찍다 보니 일몰과 일출 뷰 숙소에 가면 알람을 맞춰두고 사진을 찍고 있다. 날씨 문제로 생각보다 일몰과 일출이 멋지지 않더라도 색온도와 색조 조절만 잘하면 날씨요정이 찾아온 것처럼 멋진 사진을 완성할 수 있다.

▲ 라이트룸 색온도값 조절 | ▼ 라이트룸 색조값 조절

원본

색온도, 색조만 조절한 보정본

　위 사진은 푸꾸옥 여행을 갔을 때 촬영한 사진이다. 일몰 맛집이라고 해서 갔는데 날씨 운이 따라주지 않아 생각보다 일몰이 별로였고 이대로 업로드하기엔 아쉬워서 색온도(노란빛)와 색조(붉은빛)를 높여 일몰은 없지만 일몰인 것처럼 보정을 했다. 색온도와 색조 외엔 아무것도 건들지 않은 사진인데 두 값만 조절하더라도 이렇게 멋진 일몰 사진을 건질 수 있다(여기서 다른 값까지 조정하면 더 퀄리티 높은 사진 완성).

　색온도와 색조는 사진뿐만 아니라 영상에서도 진가를 발휘한다. 위 예시로 언급했던 푸꾸옥 레스토랑에서 같은 날 찍은 영상이고, 해당 영상도 색온도와 색조를 높여 보정했다. 영상 또한 라이트룸으로

◀ 푸꾸옥 일몰 레스토랑 릴스 1편 | ▶ 푸꾸옥 일몰 레스토랑 릴스 2편

보정을 해도 되지만, 나의 경우 아이폰 기본 보정에 있는 따뜻함=색온도와 색조를 높여서 보정했다.

생동감/채도

마지막으로 라이트룸에서 잘 사용하고 있는 보정 값은 생동감과 채도다. 생동감은 '밝은 영역'만큼이나 라이트룸 어플에서 좋아하는 보정 기능 중 하나다. 생동감은 유사한 색상의 구분도를 높여주고 채도

▲ 라이트룸 생동감값 조절 | ▼ 라이트룸 채도값 조절

는 색깔의 선명도를 높이고 낮추는 기능이라고 보면 된다. 채도의 경우 수치를 높이고 낮추다 보면 전체적인 색상의 강도가 함께 조절되는 것을 볼 수 있다. 이 또한 취향에 따라 갈리는 부분인데, 선명하고 쨍한 색감이 좋다면 채도를 높이고 흰색이 섞인 듯 흐린 색, 흔히 말하는 물 빠진 느낌의 색감을 선호한다면 채도를 낮추면 된다. 생동감은 유사한 색상의 구분을 조절하다 보니 같은 노란색이더라도 어두운 노란색, 옅은 노란색, 진한 노란색 등 모두 노란색이지만 구분되는 색상들의 선명도를 조절한다고 생각하면 된다.

채도와 생동감을 조절할 때는 작은 스마트폰을 계속 보면서 보정을 하다 보니 금세 눈이 익숙해져서 나도 모르게 값을 생각보다 많이 올리게 된다. 보정할 때는 잘 모르다가 업로드까지 마치고 시간이 조금 지난 뒤나 또는 다른 사람들의 게시물과 비교하면 내가 보정한 사진만 색감이 과장되었다고 느낄 수 있다. 특히 채도의 경우 전체적인 색상의 강도를 조절하다 보니 이 부분을 유의해야 한다. 이런 일을 종종 경험한 적이 있다면 한 가지 해결책이 있다. 처음부터 보정 수치를 높인 후 조금씩 줄이면서 조절을 하는 거다. 이 방식으로 하면 과장된 색감을 잡을 수 있다. 내 사진이 유독 과하게 보정이 된다는 느낌을 받은 경험이 있다면 이 방법을 활용해봐도 좋을 것 같다.

TIP. 당장 써먹을 수 있는 보정 수치

이제 보정 어플 사용 방법은 알았는데 색감에 대한 감을 못 잡겠다면? 지금 당장 써먹을 수 있는, 사계절 내내 적용 가능한 보정 수치를 공유하려 한다. 실제로 내가 치트키처럼 적용하는 수치들이니 그동안 흔히 말하는 '인스타 감성' 느낌이 나지 않는다거나, 인스타그램(@_sohee.e) 피드에 올라오는 사진들을 보며 이건 어떻게 보정한 건지 궁금했다면 다음의 수치를 참고하도록 하자. 단, 촬영본마다 빛의 양이나 원본 색감이 다르다 보니 해당 수치를 적용해본 뒤 본인의 취향에 맞게 한번 더 다듬는다면 더 완벽한 사진이 될 것이다.

봄 ver.

—
봄 사진 원본

—
봄 사진 보정 후

라이트룸 보정 수치

노출 +0.57	대비 -45
밝은 영역 -100	어두운 영역 +64
흰색 계열 +28	검정 계열 +44
색온도 +8	색조 +30
생동감 +19	채도 +39

Point

- 꽃의 화사함을 살리기 위해 붉은 계열인 색조를 높여주기.
- 밝은 분위기를 연출하고 싶다면 어두운 영역, 흰색 계열, 검정 계열
  을 높여보자.

여름 ver.

— 여름 사진 원본

— 여름 사진 보정 후

라이트룸 보정 수치

노출 +39	대비 -45
밝은영역 -82	어두운영역 +60
흰색 계열 +21	검정 계열 +50
색온도 -4	색조 -9
생동감 +10	채도 +3

Point

• 수영장과 야자수가 많이 보이는 사진이니 푸른 색감을 위해 색온도를 낮춰보기.

• 강한 햇빛으로 인해 역광으로 촬영되었다면 어두운 영역과 검정 계열을 높여보자.

가을ver.

가을 사진 원본

가을 사진 보정 후

라이트룸 보정 수치

노출 +0.03	대비 -2
밝은영역 -89	어두운 영역 -22
흰색계열 -32	검정계열 +15
따뜻함 +43	색조 +23
생동감 +39	채도 +2

Point

- 은행나무의 노란잎이 더 돋보이게끔 색온도를 높여주기.
- 단풍나무 사진을 보정한다면 색조를 높여보자.

겨울ver.

겨울 사진 원본

겨울 사진 보정 후

라이트룸 보정 수치

노출 +0.44	대비 -7
밝은영역 -100	어두운영역 +39
흰색계열 +12	검정계열 +21
색온도 -6	색조 -8
생동감 +20	채도 +7

Point

- 눈, 얼음이 가득한 겨울왕국 분위기를 위해 푸른 색감을 위해 색온도를 낮춰주기.
- 겨울 사진은 어둡게 찍히는 경우가 많아 검정 계열, 어두운 영역을 높여주는 게 좋다.

TIP. 오래된 사진 고화질로 바꾸는 방법

지금까지 이 책을 읽다 보면 문득 이런 생각이 들 수 있다. '나도 인스타그램을 제대로 키워보고 싶은데 예전에 찍은 거라도 올려볼까?' 그리고 연이어 이런 생각이 들 거다. '근데 예전 사진은 화질이 너무 별로라 인스타그램엔 못 올리겠다' 하는 생각. 화질 낮은 그 사진, 몇 년 전에 찍었던 그 사진! 고화질로 쉽게 바꾸는 법을 알려주겠다. 특히 여행은 자주 갈 수 있는 게 아니다 보니 최근 사진은 없고 오래전 사진만 있을 때 사용을 못 하는 게 아까울 때가 많다. 나 또한 5년 전, 10년 전에 찍었던 사진들을 인스타그램에 올리자니 색감도 화질도 별로라 아쉬운 마음에 찾고 찾다가 알게 된 방법이다. 라이트룸 보정이 손에 익지 않아 어렵다고 느끼거나 흔히들 말하는 인스타그램 감성, 요즘 뜨는 필카 느낌의 필터를 찾는다면 지금부터 집중하길 바란다.

프리퀄Prequel : 색감 보정

고화질로 바꾸는 것도 스마트폰으로 가능하다. 앱 스토어에서 'Prequel' 어플을 검색해 설치한다.

—
2019년에 촬영한 사진

먼저 보정하고 싶은 사진을 선택한다. 나는 지금으로부터 약 6년 전, 2019년에 촬영한 사진을 준비했다.

—
'Prequel' 어플 홈 화면

어플을 실행하면 해당 화면이 나온다. 여기서 '편집 시작'을 클릭한다.

내가 보정하고 싶은 유형을 선택한다. 우리는 저화질의 사진을 보정할 것이니 '사진'을 선택한다. 참고로 동영상의 경우 고화질로 변환시키는 기능은 없지만 필터 적용은 가능하다.

원하는 사진 불러오기

보정을 하고 싶은 사진을 불러왔다면 이런 화면이 뜰 것이다. 여기서 '필터' 또는 '조정'을 클릭해 원하는 색감으로 보정을 해주면 된다. 색감 조정의 경우 이전 TIP 에서 라이트룸을 예시로 들었으니 이번엔 필터를 활용하는 방법으로 설명하려한다.

여기서부터는 본인의 취향에 따라 고르면 된다. 필터 종류가 굉장히 많아서 하나씩 적용해보는 재미가 있는데 너무 많아서 고르기 힘들다면 카테고리명인 레트로, 블로깅, 여행, 대비, 시네마틱 등에 맞게 선택하면 조금 더 빠르게 고를 수 있다.

—
필터 수치 조절

원하는 필터를 골랐다면 얼마나 적용할 것인지 수치를 조절하면 된다. 촬영한 지 너무 오래돼서 색감이 마음에 안 들 때는 과감하게 필터의 수치를 높여 색감을 입히면 된다.

고화질 저장

지금까지는 필터를 활용하여 요즘 SNS 트렌드 또는 본인의 취향에 맞게 색감을 바꾼 거라면, 고화질로 전환하는 것은 지금부터다. 정말 쉽게도 클릭 한 번이면 된다. 필터까지 모두 적용한 사진에서 우측 상단에 '다음'을 클릭하면 사진과 같은 화면이 나온다. 여기서 'HQ 사진 저장'을 클릭한다. 말 그대로 High Quality로 저장을 한다는 뜻이다. 클릭 한 번으로 오래전에 촬영해서 저화질이었던 사진을 고화질로 바꿀 수 있다.

—
원본

—
필터 및 HQ 저장한 이미지

비포 애프터를 비교하자면 이렇다. 6년 전, 인스타그램의 '인'도 몰랐을 때 찍은 사진을 어플 하나로 이렇게 멋지게 보정했다(사진이 오래되면 오래될수록 더 큰 차이를 느낄 수 있다). 혹시 휴대폰에 찍어둔 사진은 참 많은데 화질이 낮다는 이유로 혹은 색감 보정이 어렵다는 이유로 업로드를 안 하고 있는 사진이 있다면 지금 바로 적용해보자!

TIP. 콘텐츠의 한끗을 살리는 보정 앱 리스트

콘텐츠 제작이 본업이 된 만큼 사용해본 보정 앱만 수십 개다. 시행착오를 거쳐 수십 개의 앱 중 나의 최종 선택을 받은, 매일같이 잘 사용하고 있는 보정 앱을 공유한다. 앱마다 내가 주로 사용하는 기능도 함께 기재해두었으니 각자 필요한 앱을 다운받으면 된다.

 1. 기본 카메라 : 촬영

 2. 사진 : 사진 및 영상 색감 보정

 3. 라이트룸Lightroom : 사진 색감 보정, 지우개

 4. 인스타그램Instagram : 릴스 제작

 5. 캡컷CapCut : 릴스 제작

 6. 라이트립Lightleap : 하늘 합성

7. **모션립**Motionleap : 하늘 합성

 8. **픽스아트**Picsart : 합성

 9. **페이스튠**Facetune : 색감 보정 및 인물 포토샵

 10. **포토샵**PS Express : 지우개 및 인물 포토샵

—
보정 앱 10개를 추렸지만 여기서도 꼭 추천하고 싶은 앱엔 하트 표시를 해두었다.

내가 자주 받는 DM 중 하나가 '소희님은 여행을 가실 때마다 항상 이렇게 맑나요ㅠㅠ'다. 이런 DM을 받을 때마다 한편으론 뜨끔한다. 보정으로 바꾼 하늘이기 때문이다. 나는 여행을 자주 가는 만큼 날씨요괴가 함께하는 날도 많다. 흐린 날의 사진도 그 나름대로 매력이 있지만 아무래도 업로드했을 때 더 시선이 가는 건 맑은 날씨다 보니 흐린 날은 맑게 바꿔서 업로드하는 편이다.

—
믿기지 않겠지만 같은 사진이 맞다. 하늘 보정 앱을 통해 바뀌었을 뿐.

피크닉PICNIC 픽스아트Picsart

 모션립Motionleap 라이트립Lightleap

—

내가 자주 사용하는 하늘 보정 앱은 총 4개다. 위의 2개는 무료, 아래의 2개는 유료다. 처음부터 바로 유료 앱을 사용하기보다 무료 앱을 통해 보정에 대한 감각을 익힌 뒤 유료 앱을 사용해보는 걸 추천한다. (내가 가장 많이 사용하는 건 Lightleap이다. Lightleap 개발자님 감사합니다!!)

하늘 보정 앱을 사용하는 방법은 아래와 같다. 항상 날씨 요괴가 함께 하는 독자분들이 계시다면 오늘부턴 날씨 요정이 함께할 것이다.

—

먼저 날씨 요괴가 찾아온 사진 중 보정을 원하는 사진을 하나 고른다

기본 편집 기능 혹은 라이트룸 보정 방법으로
밝기, 휘도, 색선명도 등을 조정한다.

기본 보정만 진행해도 우측 상단처럼 없던 파란 하늘이 살짝 살아난 것을 볼 수 있다.

Lightleap 어플을 실행하여 합성을 원하는 하늘 필터를 고른다 (여기서 별표가 없는 필터는 무료 적용이 가능하다)

원하는 하늘 필터를 적용하면 너무 과하게 합성이 되었다고 느낄 수 있다. 이땐 앰비언트를 -100으로 맞추고(앰비언트가 높으면 전체적으로 파랗게 보정된다. 최대한 낮추는 게 자연스럽다) 불투명도는 60~100 정도로 조정한다. 하늘이 많이 흐리면 100에 가깝게, 어느 정도 괜찮은 상태면 0에 맞추면 된다.

위 과정을 거치면 이렇게 맑은 하늘을 얻을 수 있다. 손에 익으면 5분 안에 끝낼 수 있는 작업이니 오늘부턴 장마철도 무서워하지 말자.

TIP. 인생샷 확률 UP, 치트키 아이템 추천

촬영을 하다 보면 어딘가 모르게 허전하고, 인물 사진을 찍을 땐 손이 어색할 때가 있다. 이럴 때 사용할 수 있는 사진 치트키를 공유한다. 옆에 두기만 해도, 손에 들고 촬영만 해도 자신감이 뿜뿜 솟고 무조건 건질 수 있는 사진을 만드는 그런 치트키 말이다.

나의 경우 의상은 보통 단색 원피스, 소품은 모자, 튜브, 와인, 과일, 비눗방울 등을 잘 이용하는데 소품은 TPO(time, place, occasion. 시간, 장소, 상황)에 맞게 세팅하면 된다. 예를 들어 좌측 상단의 사진의 경우 베트남 리조트에서 촬영한 거라 베트남 전통 모자인 '농'을 옆에 두고 촬영하여 여기가 베트남이라는 점을 한 번 더 인식시켰다.

3부

—

**여행 크리에이터의
시작**

대형 여행 커뮤니티의 덕 보기

평일엔 출퇴근을 하고 주말엔 데이트 겸 여행을 다니며 인스타그램은 취미로만 하던 평범한 직장인 시절, 지금 생각해도 짜릿했던 첫 번째 터닝포인트가 찾아오게 된다.

지금으로부터 약 4년 전인 2020년 5월, 근로자의 날과 어린이날 사이의 황금연휴에 맞춰 연차를 낸 후 구례에 있는 숙소에 여행을 갔다. 1박에 10만원 정도로 월급으로 여행을 다니던 내게 적당한 가격의 숙소였다. 숙박 비용이 비싼 편이 아니었기에 큰 기대를 하지 않고 갔다가 넓은 창으로 보이던 울창한 숲과 산에 반해 사진을 남겼다. 이때만 해도 사진 촬영이나 인스타그램을 열정적으로 하던 시기가 아니었다. 주말에 시간을 내서 여행을 다니고 그곳에서 찍은 사진 한두 장 정도를 올리는 흔한 계정 중 하나였기 때문에 평소와 다를 거 없이

2020년 6월 여행에미치다 인스타그램
계정에 올라간 게시물. 업로드 문구는
담당자님이 상세히 작성해주셨다.

숙소에서 찍은 사진을 인스타그램에 업로드했다. 그리고 이 사진이
나에게 어떤 변화를 가져다줄지는 생각도 못 했다.

위 사진이 내가 당시 업로드했던 사진이다. 요즘은 한 숙소에서 수
백 장의 사진을 찍어 인스타그램 사진 개수 제한인 10장에 꼭 맞춰서
업로드하곤 하는데, 이때는 보다시피 달랑 한 장이었고 '한 발 들기
권법'이라는 대체 무슨 생각으로 쓴 건지 알 수 없는 문구를 남겼다.
이 사진을 업로드하고 며칠 후 우리나라 여행 커뮤니티 중 가장 많은

팔로워를 보유하고 있고 선두에 있는 '여행에미치다(이하 여미)'라는 계정에서 해당 사진을 여미 계정에 사용해도 되냐는 DM을 받았다. 페이스북 시절 때부터 여미의 위상은 당연히 잘 알고 있었기에 여미에서 연락이 왔을 때 너무 설렜다. 딱 그게 전부였다. 그때만 해도 여미에 소개되면 어떤 변화가 일어날지 몰랐으니까. 그리고 여미 담당자님께서 대략 언제쯤 업로드될 거라고 알려주신 그 날짜에 내 사진이 여미 인스타그램 계정에 소개되었다.

그즈음 내 팔로워 수는 지인들, 가끔 올리는 여행 사진으로 유입된 몇몇의 사람들로 700명 남짓이었는데 여미에 소개된 당일 1,400명이 되었다. 딱 2배. 그때 초 단위로 오던 팔로우 알림을 아직도 잊을 수 없다. 연예인들은 매일 이런 느낌이려나? 하는 생각도 했던 것 같다. 그리고 정말 운 좋게 내가 취미 삼아 올리던 다른 사진들도 여미 담당자님이 좋게 봐주셔서 같은 달 3개의 게시물이 여미에 더 소개되었고 한 달 사이에 내 팔로워 수는 700명에서 3,000명까지 급성장을 하게 되었다.

그리고 그때 깨닫게 되었다. '나 인스타그램을 열심히 해봐야겠다.' 이전에는 블로그에 집중하고 있었기에 여행 포스팅은 블로그에 남기는 편이었다. 그러다 여미에 소개되면서 내가 찍은 사진들, 내가 다녀온 여행지들을 사람들이 궁금해하고 좋아한다는 것을 알게 되었고 이 정보를 블로그에만 남기는 게 아닌 인스타그램에 남기면서 내가 알고 있는 정보를 나눠보는 게 좋겠다고 판단했다. 그리고 바로 실행에 옮겼다.

대학생 때부터 알바비를 받으면 친구들이랑 여행 가는 데 쓰고, 그때 찍은 사진들은 블로그에만 남기고 인스타그램엔 올리지 않은 게 대부분이었기 때문에 나에겐 인스타그램에 올릴 사진이 엄청 많았다. 그 사진들을 하나둘씩 업로드하기 시작했다.

대형 커뮤니티에 함께 소개되면 내가 보유한 팔로워들에게만 알려지는 게 아니라 대형커뮤니티가 보유한 팔로워들에게도 알려지면서 최소 몇 배의 효과를 볼 수 있다는 걸 알고 있었기 때문에 업로드를 할 때 꼭 대형 커뮤니티를 태그해서 올렸다. 이건 지금도 하고 있는 방법이다.

물론 내가 대형 커뮤니티를 태그한다고 해서 그 커뮤니티의 담당자가 태그하는 모든 게시물을 보고 다 연락을 하는 건 아니지만 아예 시도조차 안 하는 것보다 태그를 하면서 '나 여기 있어요, 내 게시물 좀 봐주세요'라고 손이라도 흔들면 더 눈에 띌 거라고 생각한다.

요즘은 여행 커뮤니티도 정말 많고 여행 커뮤니티 중에서도 여미처럼 팔로워 수가 많은 곳부터 이제 막 계정을 만든 신생 커뮤니티까지 정말 다양하다. 나의 경우 신생 커뮤니티나 내 사진을 2차 활용 또는 가공하겠다고 하는 곳들에는 굳이 제공하고 있지 않고 10만이나 20만 팔로워를 보유한, 어느 정도 탄탄한 곳에 제공을 하는 편이다.

여행 커뮤니티가 많이 생긴 만큼 3년 전의 나의 상황처럼 대형 커뮤니티에 소개된다고 한들 하루 만에 팔로워가 700명씩, 1,000명씩

오르지 않을 수도 있다. 당장 팔로워 증가로 연결되지 않는다 하더라도 그런 대형 커뮤니티에 소개되면 내 사진을 접하는 사람들이 많아지고, 자주 올라가게 되면 내 사진의 색감, 구도, 사진 속 내 모습 등을 자연스럽게 그분들이 인식하게 되며 팔로워 수 증가에 점차 도움이 된다. 그러니 너무 성급하게 생각하지 않아도 된다.

국내 여행 인스타그램 계정

- 여행에미치다 @yeomi.travel
- South Korea @southkorea.explores
- 서울 여행 가이드 @seoul.southkorea
- Travel To South Korea @visit.southkorea
- 대한민국 구석구석 @kto9suk9suk

해외 여행&숙소 인스타그램 계정

- BEAUTIFUL DESTINATIONS @beautifuldestinations
- BEAUTIFUL HOTELS @beautifulhotels
- HOTEL @hotel
- EarthPix Travel @earthpix
- Wonderful Places @wonderful_places
- Vacations @vacations

• BEST VACATIONS @bestvacations

추가 팁

해외여행을 하게 될 경우 visit+나라 이름(ex. visitjapan) 등으로 검색하면 각 나라의 여행 계정이 나온다. 해당 계정들도 함께 태그하면 그 계정에 내 사진이 소개될 확률이 있고, 해외 계정에 자주 소개되면 국내뿐만 아닌 해외 계정들도 유입되며 팔로워 수치가 더욱 증가할 수 있는 기회를 만들 수 있다.

여미에 소개된 게 내 인스타그램을 시작하는데 첫 번째 터닝포인트였다면 두 번째 터닝포인트는 릴스다. 여미에 2020년 5월에 소개된 후 본격적으로 인스타그램을 시작하며 여행 사진을 꾸준히 업로드했고 그러던 시기에 지금은 정말 익숙하지만, 그 당시엔 낯설었던 '릴스'라는 숏폼 형태의 영상 기능이 생겼다. 블로그와 인스타그램 사진에 익숙했던 시기라 영상 자체를 별로 찍지 않아서 릴스 콘텐츠를 촬영하고 편집하는 게 어렵게 느껴졌다. 그러다가 릴스를 점차 시도를 해보게 된 계기가 있었다.

커튼을 열면 멋진 뷰가 나오는 숙소, 욕조에 버블밤을 풀면 거품이 보글보글 올라오는 장면 등은 사진으로 남기는 것보다 영상으로 전과 후를 보여주는 게 조금 더 임팩트가 있지 않을까? 하는 생각이 들었다. 그리고 바로 실행으로 옮겼다. 이전에는 모든 콘텐츠를 사진(피드)으로 올렸다면, 이후부터는 영상을 촬영해 릴스에 한두 개씩 올려 보았고, 사진으로 올릴 때보다 릴스로 올렸을 때 좋아요나 댓글이 훨씬 많이 달렸다. 무엇보다 릴스가 인스타그램에서 밀어주고 있는 기능인 만큼 사진보다 알고리즘의 영향을 받으며 나를 팔로우하고 있지 않은 사람들에게 내 콘텐츠가 노출될 확률이 높아지고, 이게 내 팔로워 증가에 영향을 미치며 점차 팔로워가 증가하게 되었다. 그러다가 앞에서 살짝 말한 두 번째 터닝포인트를 만나게 된다.

평소처럼 친구들과 남양주에 있는 숙소를 예약해 여행을 간 날이다. 그 숙소는 커다란 문을 열면 문에 가려져 있던 마운틴뷰가 펼쳐지던 곳이었다. 문을 열기 전후가 다르니 사진보단 영상으로 남기는 게 좋겠다는 생각이 들어 릴스로 올리게 되었다. 그리고 한 달 사이에 팔로워가 8만 명이 증가했다. 딱 그 릴스 하나로 인해.

8만 명이라는 숫자를 딱 들어도 엄청난 숫자 같지만, 이걸 하루씩 계산해보면, 그 영상 하나로 하루에 2,600명씩 팔로워가 늘어난 거다. 하루에 700명이 늘었던 여미의 충격의 몇 배였다. 처음엔 계정이 해킹당한 줄 알았을 정도로 수없이 알림이 울렸고 그 영상 하나로 내 계정이 소위 떡상을 했다.

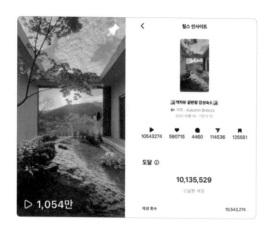

릴스 인사이트

🏕️ 예자뷰 끝판왕 강상숙소 🏕️
🎵 거미 · Autumn Breeze
2021년 10월 10일 · 기간 0:15

10543274   590715   4460   114536   125551

도달 ⓘ

10,135,529

도달한 계정

재생 횟수   10,543,274

▷ 1,054만

두번째 터닝포인트를 만
나게 된 남양주 숙소 영상

사진 속 영상이 그 영상인데 조회수가 1,000만 회가 넘었고, 이건 아직도 나의 조회수 1위 콘텐츠이다. 여미 때 대형 커뮤니티의 위대함을 느꼈다면 이때는 인스타그램 신기능의 힘을 느끼게 되었다. 신기능의 힘은 이렇게 생각하면 쉽다. 인스타그램뿐만 아니라 브랜드만 하더라도 신제품이 나왔을 때 그 브랜드의 관심은 모두 신제품으로 향하게 되어 있다. 그처럼 인스타그램도 신기능이 나왔을 때 해당 기능을 활성화시키려 올리는 릴스의 대부분이 조회수가 잘 나왔고(= 알고리즘의 영향을 받았고) 이는 팔로우 증가로 직결되었다. 이건 비단 내 계정만 그런 게 아니라, 릴스 기능이 생겼을 당시 여행 인스타그램 계정을 활발히 운영하던 분들이라면 많이 공감할 내용 같다.

아직까지도 인스타그램에선 릴스를 많이 밀어주고 있다. 숏폼 영상의 경우 인스타그램뿐만 아니라 유튜브 숏츠, 틱톡 등이 인기를 끌고 있고, 최근엔 네이버 블로그도 클립이라는 숏폼 영상 기능을 활성화시키며 네이버 클립 크리에이터를 선발하기도 했다. 참고로 클립 크리에이터는 주기적으로 선발하고 있다. 나 또한 클립 크리에이터로 활동하고 있으며 이전보다 훨씬 클립 조회수가 잘 나오고 있다. 내가 두 번째 터닝 포인트라고 느낀 인스타그램 릴스라는 신기능을 접했을 때와 비슷한 느낌을 받고 있다. 인스타그램뿐만 아니라 블로그도 함께 키우고 싶다면 클립 기능을 적극 활용하는 것을 추천한다.

아직까진 많은 SNS 채널이 이 숏폼 영상에 집중을 하고 있는데, 이게 영원히 지속되진 않을 것이다. 분명 또 새로운 기능이 나올 테고 이때 꼭 새로 나올 기능을 적극 활용하길 바란다. 분명 릴스의 사례처럼 새로운 기능은 각 SNS 채널에서 적극 밀어줄 것이다.

알고리즘의 기회 잡기

내가 남양주 숙소에서 문 미는 영상으로 1,000만 조회수를 넘긴 것처럼 꾸준히만 하면(중요!) 알고리즘의 기회는 분명히 온다. 여기서 여러분들께 '알고리즘은 ○○○입니다. ○○○ 이렇게 하세요'라고 알고리즘에 대해 정확히 알려드리면 더 멋지겠지만 알고리즘은 지금 이 순간에도 바뀌고 있고 알 수가 없다. 아마 알고리즘에 대해 꿰뚫고 있다면 50만, 100만 크리에이터가 아닌 500만 크리에이터가 있지 않을까?

다른 무엇보다도 알고리즘의 기회가 왔을 때 잡는 방법을 설명하려 한다. 알고리즘의 영향을 받았는지 가장 쉽게 알아볼 수 있는 방법이 있다. 알고리즘이라는 게 앞에 예시로 보여준 1,000만 조회수의 영상처럼 엄청난 조회수여야 하는 게 아니다. 내 평균 조회수, 평

균 도달률보다 높은 수치를 기록했다면 알고리즘에 탔다고 보면 된다. 언젠가 찾아올 알고리즘의 순간을 위해 한 계정에는 여러 주제의 게시물보다 비슷한 부류의 콘텐츠가 많이 업로드되어 있는 게 좋다. 나는 이걸 '도미노 효과'라고 부르는데 알고리즘을 탄 게시물과 비슷한 부류의 게시물도 함께 떡상하기 때문이다(제주 여행 게시물이 알고리즘에 탔다면 함께 올린 제주 맛집, 제주 카페가 연달아 터질 확률이 높다). 언제 어디서 터질지 모르기 때문에 꾸준히 해야 한다는 거고, 꾸준히 하기 위해선 내가 좋아하는 분야여야만 지치지 않고 할 수 있기 때문에 좋아하는

거, 오래 할 수 있는 주제가 뭔지 고민해봐야 한다고 강조했던 거다.

앞의 '푸꾸옥' 릴스 게시물들을 보면 '132만', '341만', '78.5만', '128만' 조회수의 게시물이 있는데 이게 모두 푸꾸옥의 숙소 영상이다. 처음에 '132만'회의 영상 하나가 터졌고 그 뒤를 이어 쭉쭉 푸꾸옥 숙소 게시물들이 연이어 터졌다. 그리고 푸꾸옥 숙소뿐만 아니라 같은 여행에서 촬영한 '푸꾸옥' 영상들 모두 조회수가 평균 대비 잘 나왔다. 이처럼 알고리즘은 하나가 터지면 연이어 터질 확률이 높기 때문에 비슷한 카테고리로 꾸준히 올리는 게 가장 중요하다.

확실한 건 누구에게나 알고리즘의 기회는 분명히 온다는 점이다. 그리고 비슷한 카테고리로 꾸준히 올리는 게 가장 중요하다.

여기서 '비슷한 카테고리'라는 부분을 꼭 유념해야 한다. 가끔 릴스나 탐색 탭을 둘러보면 게시물 하나, 영상 하나의 조회수나 좋아요는 유독 높은데 막상 계정에 들어가보면 내가 본 게시물, 영상의 수치 대비 팔로워가 낮은 계정들을 종종 볼 수 있다. 특히 '저는 좋아요나 조회수는 잘 나오는데 팔로워가 잘 안 늘어요'라는 고민을 갖고 있다면 집중해주길 바란다. 이런 경우 내 계정이(=피드가) 너무 다양한 색을 갖고 있진 않나 고민해볼 필요가 있다.

예를 들어 알고리즘을 탄 게시물이 '맛집' 게시물이고 영상 퀄리티가 너무 좋아서 계정까지 들어가게 되었는데 내가 본 '맛집' 게시물은 딱 하나고 일상 게시물이나 패션, 운동 등 '맛집'과 관련 없는 게시물이 더 많다면 굳이 팔로우까지 하지 않을 것이다. 게시물 하나하나의 조회수와 좋아요 수도 중요하지만 SNS에서 가장 중요하다고 말할 수 있는 게 팔로워 수인데, 알고리즘을 아무리 잘 타더라도 팔로워 수치가 낮으면 말짱 도루묵이다. 팔로워까지 늘어나는 게 가장 중요하다.

내 게시물을 보고 내 피드로 들어왔을 때 팔로우까지로 이어지게 하려면 보고 들어온 게시물과 같은 주제의 콘텐츠들이 피드에 많이 있어야 한다. 그래야 '이 계정은 내가 좋아하는 주제를 올리는 계정이구나' 하고 팔로우까지 누르게 된다. 즉, 일관성 있는 주제들의 콘텐츠가 누적되어 있어야 한다는 의미이다. 이쯤에서 '나는 피드 콘텐츠가 중구난방인데 내 계정은 망한 건가?' 하는 생각이 든다면 아니라고 말해주고 싶다. 지금부터 쌓아가면 된다.

확실한 건 누구에게나 알고리즘의 기회는 분명히 온다는 점이다. 그리고 이 기회가 왔을 때 다음 영상을 어떤 걸 올릴지가 중요하다. 나의 경우 푸꾸옥 영상이 알고리즘에 노출됐을 때 약 2주를 푸꾸옥 게시물만 주구장창 올렸고, 올리는 게시물마다 조회수가 잘 나왔다. 이처럼 알고리즘에 탄 게시물이 있다면 다음 영상은 꼭 같은 주제로 올려서 일명 도미노 효과를 느껴보길 바란다.

TIP. 떡상한 콘텐츠 모음

이 영상들은 @_sohee.e 계정에 업로드했던 영상 중 조회수가 높았던 영상 15개의 목록이다. 내 계정에서 조회수가 높았던 영상들의 공통점이 있는데, 바로 '숙소' 콘텐츠라는 점이다. 상위 15개 중 무려 11개가 숙소 콘텐츠로 내 계정의 주제와 동일한 콘텐츠가 조회수가 잘 나온다는 것을 알 수 있다. 이처럼 계정의 주제를 잘 세팅하면 해당 주제에 관심 있는 팔로워들이 모이게 되고, 주제에 맞는 영상을 올릴 때마다 조회수가 잘 나오게 되는 선순환이 이어진다. (큐알코드를 스마트폰 카메라로 촬영하면 영상을 확인할 수 있다. 릴스를 어떻게 만들어야 조회수가 잘 나오는지 감이 안 잡힌다면 다음의 영상들을 확인해보자. 해당 영상들을 참고하여 비슷하게 만들다보면 어떤 색감을 사용해야 하는지, 컷편집은 어떻게 해야하는지 서서히 감이 잡히게 될 거다.).

1,060만회   대형액자 뷰 남양주 숙소

1박 9만원, 푸꾸옥 숙소 434만회

일출 맛집 강릉 오션뷰 숙소 429만회

1박 6만원, 태안 숙소 330만회

303만회   1박 400만원, 몰디브 숙소

289만회   현지인도 웨이팅해서 먹는 도쿄 이자카야

266만회   더현대 크리스마스마켓 방문 TIP

도쿄 스카이트리뷰 호텔 `262만회`

푸꾸옥 4박5일 여행 총정리 `246만회`

도쿄타워 뷰 호텔 `239만회`

231만회   코끼리가 깨워주는 치앙마이 호텔

187만회   왓아룬 뷰 방콕 호텔

177만회   사그라다 파밀리아 뷰 바르셀로나 호텔

오사카 로바다야끼 술집

1박 6만원, 푸꾸옥 숙소

TIP. 10분 안에 릴스 편집하는 방법

누적 1.5억뷰를 만들어준, 실제로 내가 매일같이 사용하고 있는 릴스 편집 방법을 공유한다. 해당 방법은 꼭 인스타그램의 릴스가 아니더라도 틱톡 영상, 유튜브 숏츠, 네이버의 클립을 만들 때 등 모든 숏폼 영상에 적용할 수 있으니 이대로 따라 해보자.

해당 방법은 '스마트폰 하나로 32만 팔로워를 만들어준 보정 방법'으로 색감 보정까지 완료한 후 따라 하면 된다. 여기서는 2부의 'TIP.콘텐츠의 한끗을 살리는 보정 앱 리스트'에서 소개했던 캡컷 어플을 사용해 편집하는 방법을 보여주려고 한다.

영상 셀렉

먼저 색감 보정까지 마친 영상 중 최종적으로 어떤 영상을 릴스에 사용할지 고른 후 '하트=즐겨 찾는 항목' 버튼으로 A컷이라는 것을 표기해 둔다. 이 과정은 꼭 들어가야 하는 과정은 아니지만 이렇게 A컷을 별도로 표기해두면 이후에 내가 사진과 영상을 하나씩 찾아볼 필요 없이 마음에 들었던 사진과 영상을 빠르게 알 수 있다

음원 선택

릴스에서 음원을 어떤 걸 사용해야 할지 어려워하시는 분들이 많다. 나의 경우 '인기 상승 오디오' 리스트에서 고르는 편이고, 그중에서도 사용횟수가 너무 높지 않은(보통 3~5만회 미만) 오디오에서 고르고 있다. 인기 상승 오디오에서 원하는 음원이 없을 경우엔 한글 혹은 영문으로 내가 올리려는 영상의 주제를 해시태그 검색 후 다른 유저들은 어떤 분위기의 음원을 사용했는지 참고도 하고 있다.

화면녹화

이쯤에서 꿀팁 하나, 인스타그램 내 자체 릴스 편집 기능이 아닌 나처럼 캡컷 등 외부 앱을 사용하여 편집하는 경우 음원을 들으며 편집이 불가하여 박자에 맞출 수 없다고 생각하는 경우들이 많다. 이때 내가 사용하는 방법이 '화면녹화'인데 워낙 릴스를 자주 제작하다 보니 화면녹화 기능을 자주 써서 위 사진처럼 '제어센터'에 세팅해두고 빠르게 눌러 사용하고 있다. 원하는 음원을 찾았을 때 화면녹화를 누르면 음원이 영상으로 저장이 되는데, 내가 사용하고 싶은 분량만큼 녹화를 하여 저장까지 진행하면 된다.

영상 불러오기

이제 '캡컷' 어플을 사용할 때다. 캡컷은 애플, 안드로이드 모두 사용 가능한 영상 편집 어플로 무료 버전도 충분히 다양한 편집이 가능하니 꼭 깔아서 사용해보는 걸 추천한다. 캡컷 어플을 누르면 해당 사진처럼 홈 화면이 나오는데, 여기서 '새 프로젝트'를 누르면 영상을 불러올 수 있다.

영상을 불러왔으면 해당 화면으로 이동하게 될 거다. 영상을 불러올 때 내가 클릭한 순서대로 영상이 배열되는데, 영상을 재생해보며 순서는 괜찮은지 검토해본다.

음원 불러오기

이제는 녹화한 음원을 불러와야 한다. 우측 하단에 '추출'이라는 버튼을 눌러 내가 화면 녹화한 영상(음원)을 불러오면 해당 화면처럼 어플 내 음파가 보인다.

음원 및 영상 잘라내기

아무래도 화면녹화를 통해 음원을 녹화했다면 위 사진처럼 영상 초반에는 음원이 녹화가 안 됐을 수도있으므로(화면녹화 버튼 클릭 후 몇 초 지났을 때 음원을 재생한 이유 등 때문에) 음파를 확인해서 음원이 시작하는 부분에 맞춰 앞쪽 부분은 '분할' > '삭제' 버튼 순으로 해당 부분을 삭제한다. 그리고 음원의 템포에 맞게 영상도 '분할' > '삭제'를 눌러 영상을 불러온 그대로 사용하는 게 아닌 음원에 맞게 편집해준다. 이 과정이 중요한 게, 음원에 딱딱 맞게 영상이 재생되어야 깔끔한 영상을 제작할 수 있기 때문이다. 나의 경우 템포를 맞추기 힘들다면 음파를 보고 음파가 높아졌을 때, 낮아졌을 때에 맞게 영상을 잘라주고 있다. 이게 캡컷 어플의 장점 중 하나인데, 인스타그램 앱 내 자체 기능으로 릴스 편집을 하면 음파 확인이 불가하여 소리를 들으며 영상을 잘라내야 해서 특히 영상을 처음 제작하시는 분들은 깔끔하게 영상을 편집하기 어려울 수 있다. 영상 제작 초보일수록 캡컷 어플을 활용해 편리하게 편집하는 걸 추천한다.

폰트 삽입

캡컷 어플을 자주 사용하는 이유 중 하나가 앞에서 설명한 음파 확인 때문과 폰트 때문이다. 인스타그램 앱 내에 있는 폰트보다 훨씬 다양해서 나만의 개성을 살린 영상을 제작할 수 있고, 한 폰트를 자주 사용하면 그게 나만의 템플릿이 되어서 영상을 1초만 보고도 이건 어떤 계정이 만든 영상인지 알 수 있도록 팔로워들에게 나를 인식 시키게 된다. 폰트

삽입은 '텍스트' > '텍스트 추가' > '글꼴'을 선택하면 된다. 한국어와 영어를 선택할 수 있고 새로운 폰트를 불러오는 기능도 있다(나의 경우 새로 불러오기보다 캡컷 내에 있는 폰트를 활용하는 편이다).

> **여행소희가 자주 사용하는 폰트 공유**
> 한국어 : 로봇, 네오, 나눔바른돋움, 나눔바른명조
> 영어 : Starry, STEADY, Serif, GIVENCY, Larken

캡컷에 폰트가 너무 많아서 뭘 써야 할지 모르겠다면 위 폰트부터 적용해보자.

—
폰트 꾸미기

여기서 디테일을 추가하자면 내가 추가한 폰트가 영상에 묻히는 느낌이거나 가독성이 좋지 않을 때 혹은 더 신경쓴 듯한 영상을 만들고 싶다면 폰트에 효과를 추가할 수 있다. '스타일'을 누르면 폰트 컬러를 바꾼다거나 그림자 효과를 넣는다거나 폰트 뒤에 배경을 추가할 수 있다. 가독성이 좋지 않을 때는 '그림자' 기능을 활용하면 훨씬 잘 보인다.

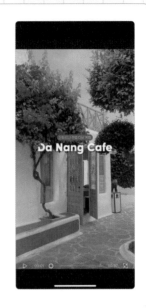

영상 검토

여기까지 잘 따라 했다면 음원 템포에 맞는 영상과 폰트까지 추가된 영상이 완성되었을 것이다. 다음 단계가 영상 추출 단계인데, 영상을 최종적으로 추출하기 전 3~4번 재생시켜보며 음원 속도에 잘 맞는지, 영상이 버벅거리는 건 없는지, 순서는 괜찮은지, 폰트는 잘 보이는지 검토해보면 된다.

참고로 영상 순서의 경우 대부분의 사람들이 하나의 숏폼의 평균 시청 시간이 3~4초다 보니 나의 킬링 포인트 영상이 있다면 3~4초 이후인 뒷부분에 배치하기보다 최대한 앞쪽에 배치하여 시선을 사로잡고 영상을 끝까지 보게 만들어야 한다.

영상 추출

지금까지 내가 만든 영상을 추출하는 방법은 우측 상단에 '내보내기' 버튼을 누르면 된다. 여기서 중요한 건 해상도를 2K/4K에 맞추는 거다. 이렇게 설정해야 가장 고화질로 추출이 가능하다. 프레임 속도의 경우 24, 25, 30, 50, 60 중에서 선택이 가능한데 숫자가 높으면 1초당 보여지는 사진이 많아지므로 부드러운 영상을 얻을 수 있지만 그만큼 용량이 늘어난다. 참고로 보통 영화 촬영은 24fps, 공영방송 촬영은 60fps으로 설정한다.

조금 더 고퀄리티 영상을 만들 수 있는 추가 TIP

필터 기능 이용하기

영상 색감 보정이 익숙하지 않다거나 빠르게 색감을 맞추고 싶을 경우 캡컷 내 필터 기능을 사용할 수 있다. 필터 적용을 원하는 영상을 클릭 후 하단에 '필터' 누르면 여러 색감이 나온다. 취향에 맞는 필터를 골라 적용하면 끝이다

필터 설정

손떨림 보정 기능

영상을 촬영하다 보면, 특히 움직임이 많은 영상의 경우 영상이 흔들리게 촬영되는 경우가 빈번하다. 힘들게 촬영한 영상을 버리기 아깝지 않은가. 이럴 때 사용할 수 있는 기능이 '손떨림 보정' 기능이다. '손떨림 보정' 기능을 적용하고 싶은 영상을 클릭 후 하단에서 선택이 가능하다. 다만 내가 사용해본 결과 엄청 드라마틱하게 변하진 않는다. 무엇보다 중요한 건 처음 촬영할 때부터 최대한 흔들리지 않아야 한다는 점!

손떨림 보정

4부

—

한발 더 빠르게
성장하는 방법

친절한 크리에이터가 되기

SNS를 하다 보면 종종 이런 게시물들이 있다. 멋진 사진과 영상을 잔뜩 보여주고 이 장소가 궁금한 분들은 댓글을 남기면 DM으로 알려주겠다는 식. 이런 유형의 게시물이 잘못됐다는 걸 말하고 싶다는 건 아니다(요즘 매니챗과 같은 자동 DM 발송 서비스가 유행하며 많이 보이는 콘텐츠 형태이기도 하다). 창작자들마다 게시물 형태는 모두 다르니까. 다만 일주일 중 딱 이틀만 쉴 수 있는 직장인들은 그 이틀에 어디를 갈지 그것만 바라보고 5일을 버티는데, 멋진 장소를 눈으로 보고도 여기가 어딘지 몰라서 못 가는 상황이 참 아쉽기만 했다.

그리고 이건 내 이야기다. 지금도 마찬가지지만 직장인일 때도 여행이 취미이자 낙이었던지라 주말마다 어디 갈지 계획을 세우는 게 내 행복이었다. 열심히 해시태그를 검색해서 예쁜 여행지를 발견하여 게시물을 클릭하면 장소 정보가 안 적혀 있는 게 대다수라 작성자 분께 DM도 보내고 댓글도 써본 경우가 참 많다. 그리고 생각보다 답장을 많이 받지 못해(혹은 한참 뒤에 답장을 받아) 구글링을 해가며 여행지를 찾았던 경험도 있다. 그리고 이 경험은 내 인스타그램 계정 성장에 큰 도움이 되었다.

여행지 정보를 바로바로 받지 못해 아쉬웠던 적이 종종 있었기 때문에 나는 그러지 않기로 했다. 내 계정이 조금씩 크기 시작할 때부터 나는 여행지에서 촬영한 멋진 사진만 올려두지 않았다. 이 장소가 어디이고 영업시간은 몇 시까지인지, 아이와 반려동물은 동반이 가능한지, 금액대는 어떻게 되는지 최대한 상세히 적었다. 굳이 해당 장소의 홈페이지에 들어가보지 않더라도, 홈페이지에 들어간 것처럼 내 게시물만 보고도 많은 정보를 알 수 있게끔 말이다.

인스타그램 유저들은 게시물을 보고 4가지의 행동을 할 수 있다.

1. 좋아요 누르기
2. 댓글 쓰기
3. 게시물 저장하기
4. 게시물 공유하기

그리고 공유〉저장〉댓글〉좋아요 순으로, 즉 공유 수가 가장 많을수록 게시물이 알고리즘에 탈 확률이 높아진다. 인스타그램 계정을 조금이라도 키워본 사람들은 쉽게 공감할 수 있을 것이다. 좋아요나 댓글은 마음만 먹으면 충분히 늘릴 수 있다. 이걸 흔히 '품앗이'라고도 하는데, 내 게시물에 좋아요를 누르고 댓글을 써준 계정이 있다면 나도 그 계정에 가서 똑같이 좋아요를 누르고 댓글을 써주는 게 인스타그램에서 암묵적인 매너(?)와 같은 개념이다.

다만 저장이나 공유는 누가 했는지 알 수 없다. 보통 저장은 나에게 필요한 정보일 때, 공유는 친구에게 알려주고 싶을 때 하곤 한다. 즉 공유가 많을수록 이 정보는 인스타그램 유저들끼리 공유하고 싶은 내용, 저장이 많을수록 인스타그램 유저에게 필요한 내용이라고 인스타그램이 인지하기 때문에 공유와 저장 수치가 높을수록 알고리즘에 탈 확률이 높아지는 것이다.

다시 처음으로 돌아가서, 멋진 사진을 SNS에 올리고 장소 정보는 댓글을 쓴 사람에게만 알려주겠다고 하면 분명 댓글 수는 많이 늘어날 것이다. 그에 반해 상세하게 정보를 쓴 게시물이라면 유저들은 이 게시물이 도움이 된다고 판단하여 게시물을 저장하고 친구에게 게시물을 공유하며 이 장소를 가보자고 할 것이다. 그리고 상세하게 작성한 게시물이 피드에 많을수록 이 계정을 팔로우해두면 정보를 많이 얻을 수 있다고 판단하여 팔로우 수치까지 높아질 수 있다.

계정 성장 초창기에 난 이 과정을 깨달았고 팔로워가 30만이 넘은 지금도 모든 게시물에 상세한 설명을 적어두고 있다. 예전에도 지금도, 앞으로도 친절한 크리에이터가 되자는 게 나의 신념이다.

인스타그램이 아무리 비주얼 플랫폼이라지만 본문을 무시할 수는 없다. 본문을 얼마나 고민해서 쓰느냐, 포인트가 있느냐에 따라서 해당 게시물을 끝까지 보고 안 보고가 달라진다. 힘들게 보정한 영상과 사진을 팔로워들이 엄지손가락으로 1~2초 만에 넘긴다면 너무 슬프지 않을까. 콘텐츠의 마무리는 무엇보다도 본문 작성이다. 본문을 작성하는 게 어렵고 어떤 멘트를 써야 할지 잘 모르겠다면, 내가 사용하는 방법과 템플릿을 참고해보자.

콘텐츠 본문 예시

1박 12만원, 모든 객실 오션뷰 강릉 펜션
+🛎59000원짜리 오션뷰 객실도 있음! 할인가로 예약하는 법 본문에 써둘게요

벌써 2번이나 다녀온 곳, 가격과 뷰 둘 다 포기 못 하시는 분들
여기로 다녀오시면 됩니다🌊
가격은 저렴한데 전객실 오션뷰라 어느 객실을 예약해도 실패 없고
루프탑에서 일몰을 보며

바베큐까지 할 수 있어서 분위기 최고였어요...♥♥♥

함께 강릉 가고 싶은 친구 태그해보세요!

🔖1만원 추가 할인 방법
1. 네이버에 '강릉 더원' 검색
2. 네이버 예약창에서 1만원 할인쿠폰 다운 받아 예약하면 끝
(✅쿠폰 적용하면 1박 5.9만원부터 가능🙏)

📍강릉 더원 @the_one_pension
- 강원도 강릉시 주문진읍 주문리 665
▫최대 4인, 유아 동반 가능
▫바다와 1분 거리에 위치
▫302호, 402호 객실이 최근에 리뉴얼해서 가장 추천(영상 속 객
  실은 302호)
▫오션뷰 루프탑 바베큐장, 스파, 취사 가능
〰자세한 후기는 블로그에 있어요

#소치미_강릉 #소치미_강원도

콘텐츠 본문 분석

> 1박 12만원, 모든 객실 오션뷰 강릉 펜션🖤
> +🛕59000원짜리 오션뷰 객실도 있음! 할인가로 예약하는 법 본문에 써둘게요

가장 중요한 건 첫 줄이다. 첫 줄이 콘텐츠 본문을 끝까지 읽게 하는지의 여부를 가른다. 나 역시도 첫 줄을 어떻게 쓸지를 한참 고민한다. 한 줄 안에 해당 게시물의 특징과 장점을 녹여야 하기 때문이다. 하나의 방법은 한글만 쓰기보다 숫자를 섞으면 훨씬 눈에 잘 들어오는 한 줄이 된다.

그리고 모바일로 보면 두 번째 줄까지 함께 노출이 되어서 첫 줄 다음으로 중요한 게 두 번째 줄이다. 나의 경우 두 번째 줄엔 이 포스팅을 봐야 하는 이유를 기재한다. 예시처럼 이미 본문에 할인 방법을 기재하긴 했지만 본문에 할인 방법이 있다는 점을 노출함으로써 그냥 넘어갈 수 있는 포스팅을 한 번 더 눈길이 가게 작성했다.

> 벌써 2번이나 다녀온 곳, 가격과 뷰 둘 다 포기 못 하시는 분들
> 여기로 다녀오시면 됩니다🎇
> 가격은 저렴한데 전객실 오션뷰라 어느 객실을 예약해도 실패 없고
> 루프탑에서 일몰을 보며
> 바베큐까지 할 수 있어서 분위기 최고였어요...🖤🖤🖤

다음은 가독성을 위해 한 줄을 띄우고 해당 장소의 장점과 나의 느낀 점을 작성하면 된다. 나는 오랫동안 블로그를 운영하다 인스타그램으로 넘어온 케이스라 장소의 특징을 작성하는 건 어렵지 않았다. 오히려 블로그에서 긴 문장으로 소개하던 걸 인스타그램에서는 최대한 짧게 작성해야 하다 보니 짧게 쓰는 연습이 필요했다. 설명을 길게 하기보단 관련 이모티콘을 붙이면 본문이 지루하게 느껴지지 않는다.

함께 강릉 가고 싶은 친구 태그해보세요!

이 부분은 'CTA'라고 보면 된다. CTA는 마케팅 용어인데 'Call to Action'이라는 뜻으로 유저에게 특정 액션을 수행하도록 유도하는 메시지다. 같이 가고 싶은 친구를 태그하도록 유도하거나 게시물을 공유하라고 한 줄 기재해두면 생각보다 많은 사람들이 Action(공유 or 댓글)을 취한다. 콘텐츠 주제에 맞도록 CTA를 유도해보자.

🏷️1만원 추가 할인 방법
1. 네이버에 '강릉 더원' 검색
2. 네이버 예약창에서 1만원 할인쿠폰 다운받아 예약하면 끝
(✅쿠폰 적용하면 1박 5.9만원부터 가능🙏)

두 번째 줄에 약속한 내용을 기재하는 칸이다. 이 내용을 확인하기 위해 본문을 읽고 있는 팔로워들도 있으니 최대한 정확한 정보를 간결하게 전달하는 게 포인트다. 여기서 훼이크를 넣으면 팔로워들의 신뢰도

가 떨어지고 이후에 내 콘텐츠의 본문을 끝까지 읽지 않을 수 있으니 정확한 정보를 전달해야 한다는 걸 기억하자.

🔍강릉 더원 @the_one_pension
- 강원도 강릉시 주문진읍 주문리 665

나의 경우 콘텐츠 내 장소는 모두 공유하고 있다. 간혹 장소를 공유하지 않고 해당 장소가 궁금할 경우 DM으로 문의하면 된다는 콘텐츠들도 있다. 콘텐츠를 제작하는 사람의 성향에 따라 제작 스타일은 다르지만, 앞에서도 말했듯이 가능하면 친절하게 정보를 기재할 것을 추천한다. 당장 이번 주 주말에 영상 속 장소를 가고 싶은데 정보 공유가 되어 있지 않으면 해당 장소를 찾기 위해 DM을 보내고 기다리거나 구글링을 하는 수고를 더해야 한다. 그런 수고를 덜어주기 위해 이렇게 상세하게 알려주니 팔로워들에게 '여행소희 계정에 가면 여행 정보를 쉽게 알 수 있다'라고 인식되었다(반기별로 인스타그램 스토리로 내 계정에 대한 공개 피드백을 받고 있는데, 실제로 이때 가장 많이 남겨주신 의견이기도 하다).

□ 최대 4인, 유아 동반 가능
□ 바다와 1분 거리에 위치
□ 302호, 402호 객실이 최근에 리뉴얼해서 가장 추천(영상 속 객실은 302호)
□ 오션뷰 루프탑 바베큐장, 스파, 취사 가능

영상 속 장소를 기재한 다음엔 해당 장소에 대한 특징을 추가하고 있다. 내가 이 부분을 기재할 때 유념하는 건, 굳이 해당 장소의 공식 홈페이지에 들어가지 않더라도 공식 홈페이지에서 확인할 수 있는 정보 중 팔로워들에게 꼭 필요하다고 생각하는 정보만 간결하게 적는 거다.

~자세한 후기는 블로그에 있어요

나처럼 유튜브나 블로그 등 서브채널이 있고, 해당 서브채널에도 후기를 남겼다면 서브채널의 유입 유도를 위해 한 줄을 추가하면 된다. 인스타그램 채널 1개만 운영하는 것도 힘든데 다른 채널에도 포스팅했으니 이건 나만 알면 안 된다(?). 널리 널리 알리자.

#소치미_강릉 #소치미_강원도

마지막으로 고유 해시태그를 사용하는 것이다. 나의 경우 블로그 때 사용하던 닉네임에 언더바(_)를 붙여 포스팅한 장소의 지역을 묶고 있다 (해당 포스팅은 강원도 강릉 포스팅이라 2개의 해시태그를 사용했다). 이렇게 고유 해시태그를 만들면 좋은 점이 팔로워들이 내가 포스팅한 게시물을 찾고 싶을 때 쉽게 찾을 수 있고, 나 또한 아카이빙용으로 사용할 수 있다.

내 팔로워와 인스타그램이 좋아하는 콘텐츠 올리기

내 게시물이 알고리즘행 열차에 탑승했냐 안 했느냐를 알 수 있는 가장 빠른 방법은 게시물 업로드 후 '인사이트' 탭에 '탐색'란이 있느냐 없느냐다.

탐색은 인스타그램 앱을 켰을 때 하단에서 두 번째 '돋보기' 모양을 누르면 보이는 게시물들인데, 피드(첫 번째 탭)엔 내가 팔로우한 사람들의 게시물만 보인다면 탐색 탭엔 내가 팔로우하지 않은 사람들의 게시물도 보인다. 알고리즘이라는 것은 내 게시물이 나를 팔로우한 사람들뿐만 아니라 팔로우하지 않은, 즉 가늠할 수 없는 사람들에게 도달한다는 거라 이 탐색 탭에 게시물이 뜨냐 안 뜨냐가 중요하다.

—
인스타그램 앱 접속 후 탐색 탭을 눌렀을 때
나오는 게시물

그럼 어떤 게시물이 탐색 탭에 노출되는 걸까? 크게 3가지로 정리
할 수 있다.

1. 내 관심 분야에서 뜨고 있는 콘텐츠

2. 트렌드/인스타가 밀어주는 콘텐츠

3. 사람들에게 반응이 좋은 콘텐츠

먼저 1번의 경우 탐색 탭뿐만 아니라 일상생활에서도 많이 느낄수 있는 부분이다. 유튜브에서 영상 1개를 보면 유튜브 홈에 비슷한 영상들이 노출된다든지, 포털창에 검색해봤던 제품들이 SNS 광고로 뜬다든지 등 AI가 내 관심사를 파악해서 관련 게시물을 보여주는 것인데 인스타그램 탐색 탭도 동일하다. 앞의 이미지를 캡처할 당시 내가 일본 여행을 준비하고 있었던 시기라 신기하게 탐색 탭에 일본 여행 사진이 많이 보였다. 여행을 다녀온 후에 일본에 대한 관심이 뚝 끊기고 나니 탐색 탭에서도 더 이상 일본 콘텐츠는 보이지 않았다. 즉 그때그때 내 관심사에 따라 보여지는 게시물이 다를 수 있다는 의미이다.

2번은 현재 트렌디한 콘텐츠를 알 수 있는 부분이다. 예를 들어 나는 해당 분야에 큰 관심은 없지만 다수의 사람들이 관심을 갖는 콘텐츠라고 보면 된다. 흔히 밈이나 현재 유행하는 드라마의 여자/남자 주인공 사진들, 예능/영화에서 재밌는 장면들이 올라오기도 한다. 덕분에 요즘 어떤 게 핫한지, 다른 사람들은 어떤 걸 좋아하는지 궁금할 땐 탐색 탭을 둘러보면 인스타그램이 힌트를 주고 있다는 점을 알 수 있다. 이 부분은 빠르게 정보를 캐치해야 하는 마케팅 업계 종사자들도 많이 확인하고 있는 탭 중 하나이다.

3의 경우엔 사람들이 댓글이나 저장, 공유를 많이 하는 게시물을 보여준다. 특히 이런 유형의 게시물들은 내가 가장 많이 도움을 받고 있는 게시물이다. 나는 여행 크리에이터다 보니 매주 '콘텐츠화'할 곳들을 찾아 다녀야 한다. 직장과 SNS 계정 운영을 병행하려면 여러

—

알고리즘의 영향을 받은 게시물 인사이트. '노출' 부분에 '탐색'의 비율이 높은 것을 볼 수 있다.

차례 강조한 것처럼 '효율'이 중요하다 보니 어차피 가서 촬영을 하고 SNS에 올리는 거, 이왕 가는 김에 유저들의 반응을 이끌어낼 만한 곳들에 대한 사전조사를 많이 하게 된다. 조사를 잘하고 가서 촬영을 해 SNS에 올렸을 때 좋은 반응을 이끌어낼 확률이 높다(물론 알고리즘의 영역이라는 게 사람들이 전혀 생각지 못한 곳에서 터질 수도 있다!).

특히 나와 같은 여행 크리에이터들은 탐색 탭을 보면서 공통적으로 자주 눈에 띄는 장소들이나 꽃 등에 주목하곤 한다. 해당 장소나 자주 노출되는 꽃이 핀 꽃밭으로 가서 촬영을 하면 비교적 높은 수치가 나온다는 게 탐색 탭을 활용하는 꿀팁이다.

꼭 여행 크리에이터 분야에서만 적용되는 건 아니다. 맛집이나 카페, 패션, 뷰티, 운동 등 거의 모든 분야에서 적용할 수 있다. 탐색 탭을 내렸다가 올리면 새로고침되며 게시물이 계속 바뀌기 때문에 해당 탭을 자주 새로고침하며 어떤 곳이, 어떤 제품이 자주 노출되는지 확인하는 게 효율적인 콘텐츠를 만들 수 있는 지름길이다.

게시물과 계정 분석

탐색 탭을 활용하여 효율적으로 게시물을 업로드했다면 그다음으로 필히 해야 하는 게 게시물과 계정 분석이다. 이는 일반 인스타그램 계정은 불가하고 '프로페셔널 계정'으로 전환을 해야만 사용할 수 있는 기능이다. 프로페셔널 계정 전환은 1분도 안 걸린다. 인스타그램의 내 프로필에서 설정할 수 있다.

프로페셔널 계정 전환 방법

내 프로필 > 프로필 편집 > 프로페셔널 계정으로 전환 클릭

프로페셔널 계정으로 전환을 하면 일반 계정이었을 땐 볼 수 없었던 자세한 수치들을 볼 수 있다. 일반 계정일 때는 게시물을 업로드하면 내 게시물에 몇 명이 좋아요를 누르고 댓글을 작성했는지만 알 수

있다. 프로페셔널 계정으로 전환하면 좋아요와 댓글 수치 외에도 내 게시물을 몇 명이 저장하고, 몇 명이 공유했는지 그리고 앞에 언급한 탐색 탭에 노출이 되었는지, 내 게시물을 해시태그 검색을 통해 들어 왔는지 프로필을 클릭해서 들어왔는지 등까지 모두 알 수 있다.

이때도 수치들을 확인만 하고 끝나는 것이 아니라 이 수치들을 검토하여 분석하는 과정이 제일 중요하다. 나는 게시물을 업로드하고 1시간 후, 12시간 후, 하루 후, 일주일 후 이렇게 텀을 두고 수치들을 확인하고 있다.

좋아요, 댓글, 저장, 공유 각 4개의 요소가 어떤 의미를 지니고 있는지 주목하며 수치들을 분석한다. 사람들이 인스타그램에서 게시물을 봤을 때 이목을 끄는, 즉 비주얼적으로 시선이 가는 콘텐츠는 좋아요를 누르고, 친구에게 알려주고 싶은 콘텐츠는 댓글과 공유를 하고, 나에게 필요한 콘텐츠는 저장을 누른다고 한다.

여기서 알고리즘에 도움이 되는 부분은 공유, 저장, 댓글, 좋아요 순이다. 이 말인즉슨 공유가 가장 중요하고 좋아요의 중요도가 비교적 낮다는 뜻이다. 그러므로 게시물 하나를 업로드할 때에도 사람들이 어떤 콘텐츠를 공유하고 저장하는지 이 부분에 초점을 맞추고 기획하는 게 좋다. 좋아요와 댓글은 노력하면 어느 정도 늘릴 수 있는 부분이다. 앞에서도 한 차례 설명했듯이, SNS에는 품앗이라는 개념이 있는데 상대방의 게시물에 좋아요를 누르고 댓글은 쓰면 예의상 상대방도 내 게시물에 좋아요와 댓글을 남겨준다. 본인이 얼마만큼

♥	●	✈	🔖
20944	1874	2791	21425

개요 ⓘ

도달한 계정	1,577,916
참여한 계정	45,867
프로필 활동	12,766

—
프로페셔널 계정 전환 후 공유,
저장 수치까지 보여지는 인사
이트 탭

SNS에서 발품을 파느냐에 따라 그 부분은 충분히 늘릴 수 있다.

하지만 공유와 저장은 다르다. 사람들이 게시물을 봤을 때 진짜로 유용하거나 본인에게 필요한 정보라고 느꼈을 때에만, 친구에게도 소개하고 싶은 콘텐츠만 저장하고 공유를 한다. 그렇기 때문에 이 2개의 수치가 가장 중요하다.

나 역시도 게시물을 업로드한 후 좋아요나 댓글보다는 얼마나 많은 사람들이 내 게시물을 공유하고 저장했는지 그 부분의 수치부터 살핀다.

• •   **빵빵 터지는 콘텐츠 올리는 비결**

그럼 어떤 게시물을 올려야 사람들이 내 게시물을 공유하고 저장할

까? 사람마다, 또 게시글의 성격에 따라 경우는 다양하겠지만 보통 '필요한 정보'라고 느낄 때 공유하고 저장을 한다. 그래서 '필요한 콘텐츠'를 만드는 것이 중요하기 때문에 하나의 게시물에서 알려줄 수 있는 정보는 최대한 숨기지 않고 다 알려주는 것이 좋다. 물론 가독성을 고려하여 짧게, 핵심만 작성하는 것도 중요하다. 게시물을 올릴 때 사진 1장만 달랑 올리는 것보단 10장의 사진과 사진 속 장소가 어디인지, 특징은 무엇인지, 어떻게 가는 게 좋은지 등 상세한 정보와 더불어 내가 느낀, 다녀온 사람만 알 수 있는 꿀팁 등을 함께 기재하면 사람들이 봤을 때 '필요한 정보'라고 느낄 확률이 높다. 자연스럽게 저장과 공유 수치도 높아지게 된다.

'모음집' 형태의 게시물도 마찬가지이다. 모음집은 말 그대로 그동안 업로드했던 사진들을 하나의 주제로 묶어서 올리는 형태의 게시글이다. 예를 들면 '10만원대 가성비 숙소 모음'이나 '제주도 야외 맛집 모음', '강원도 맛집 모음' 등 특정한 테마를 찾는 사람들을 겨냥하여 그에 맞는 글들을 묶어서 업로드하는 것이다.

특히 모음집은 다가오는 계절의 특성을 고려해서 올리면 더 반응이 좋다. 단풍이 물드는 가을엔 '은행나무 뷰 카페 10곳 모음'이라는 테마로 이에 어울리는 장소들을 한데 묶어 올리고, 겨울에는 '크리스마스 데이트하기 좋은 맛집 모음' 등을 선별해 올리는 식이다.

모음집의 장점은 크게 2가지가 있는데 첫 번째는 당장 이번 주에 새로 촬영해서 올리는 게 아니라 그동안 다녀왔던, 올렸던 사진들을

인스타그램에 올렸던 '모음집' 게시물 중 일부

다시 활용할 수 있다는 점이다. 특히 직장인에게 이 모음집 기능이 유용하다. 일이 바빠 주말에 여행을 갈 시간을 내기 어려울 때, 그럼에도 새 콘텐츠를 올리고 싶을 때 사용하면 좋은 기능이다.

나의 경우에도 피드를 내리다가 모음집 게시물을 보면 저장이나 공유부터 하게 되는 경우가 많다. 당장 이곳을 갈 계획은 없지만 모음집 게시물을 저장해두면 언젠간 요긴하게 쓸 수 있을 것 같다는 느낌이랄까? 사람 심리가 비슷한지 모음집을 올리면 다른 콘텐츠들보다 수치가 잘 나오는 편이다. 특히 저장과 공유 수치가 월등히 높다 보니 앞에서 설명한 것처럼 알고리즘의 영향을 받기 좋은 게시물이어서 '언제 올려도 빵빵 터지는 콘텐츠'가 되었다.

잘 터지는 게시물의 유형을 소개했으니 알고리즘 수치를 분석할 때 꼭 봐야 하는 부분에 대해서도 설명해보려고 한다. 나는 알고리즘 수치를 확인할 때 내 팔로워들의 지역/성별/연령대를 자주 살핀다. 팔로워들의 특성을 확인하는 법은 아래와 같다.

내 프로필 > 프로페셔널 대시보드 > 총 팔로워

계정마다 상이하지만 다음 페이지의 이미지와 같이 내 계정을 보는 팔로워들은 25~34 연령대이며 서울에 거주하는 여성들이 많다. 그리고 두 번째는 35~44 연령대이다. 이때 가장 중요하게 살피는 게 연령이다. 내 계정은 1순위가 25~34, 2순위가 35~44로, 학생보다는 직장인과 주부들이 많이 본다. 그렇기 때문에 내 주요 타겟과 거리가 먼 '대학교 근처 맛집 모음', '대학교 축제 일정 정리' 등의 게시물에 공을 들여서 업로드를 해봤자 내 팔로워들은 이미 대학교를 졸업하고 직장을 다니는 분들이 대부분이기 때문에 그런 게시물에는 관심이 없어서 수치도 낮게 나올 것이다.

반대로 직장생활을 하고 있는 분들, 아이가 있는 분들을 대상으로 하여 '연차 1개 쓰고 가기 좋은 해외 여행지 모음'이나 '이번 주말 아이와 갈 만한 곳'을 올리면 대학교 근처 맛집이나 대학교 축제 콘텐

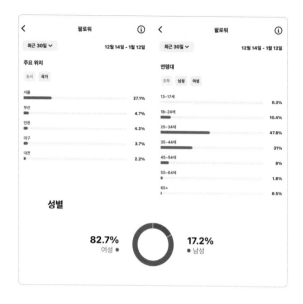

내 계정 팔로워들의 지역/성별/연령대 수치 캡처본

츠보다 반응이 훨씬 좋을 것으로 예상된다.

정리해보자. 게시물을 올릴 때는 1차적으로 탐색 탭을 보며 요즘 이슈가 되고 있는 장소, 콘텐츠를 살핀다. 그다음으로 해당 콘텐츠를 올릴 때 어떻게 기획해야 저장과 공유 수치가 잘 나올 수 있는지 고민해본다. 마지막으로 내 팔로워들이 관심 있을 법한 내용까지 섞어주면 이런 고민 없이 제작했던 콘텐츠들보다 훨씬 높은 반응을 이끌어낼 수 있다.

나만의 찐팬 만들기

수십만 명의 팔로워도 중요하지만 그보다 더 중요한 건 정말 내 계정을 좋아해주는 '찐팬'이다. 나도 늘 이 부분을 중요하게 생각하기 때문에 24시간 후에 휘발되는 스토리를 올릴 때도 한 번 더 생각하고 조심하면서 올리는 부분도 있다. 사실 팔로워는 마음만 먹으면(?) 쉽게 늘릴 수 있다. 아니, 돈만 있으면 가능하다.

쉽게 늘어나는 팔로워 수에 속지 말자

인스타그램을 하다 보면 한 번쯤 '팔로워 구매'에 관한 DM을 받아봤을지도 모르겠다. 외국인은 1명에 10원, 한국인은 1명에 100원 등

홀라당 넘어갈 법한 멘트들로 DM이 오다 보니 협찬을 빨리 받고 싶고, 팔로워를 빠르게 늘리고 싶은 계정들은 급한 마음에 팔로워 구매도 하는 것으로 알고 있다.

팔로워 구매 이야기가 나온 김에, 구매로 팔로워를 늘리면 안 되는 이유부터 설명해보고자 한다. 다들 머릿속으로는 알고 있을 것이다. 팔로워를 구매하지 않고 콘텐츠로 늘려야 한다는 것을. 하지만 인스타그램 계정을 운영하다 보면 생각보다 팔로워가 쉽게 늘지 않는다. 심지어 팔로워를 돈 주고 사라는 유혹의 DM까지 온다. 그러다 보니 종종 구매를 하는 사람들이 있는데 내가 만약 팔로워를 구매한다면 인스타그램은 그걸 알 수 있을까? 한번에 엄청나게 대량으로 구매하지 않는 이상 알기 힘들 것 같다. 그럼 인스타그램이 모르는데 사도 되지 않을까? 그에 대한 대답은 당연히 NO라는 거다.

팔로워를 돈 주고 산 것을 인스타그램은 모르지만, 사면 안 되는 이유를 설명하겠다. 예를 들어 내 팔로워가 1,000명일 경우 게시물을 올렸을 때 인스타그램은 1,000명의 전체 팔로워들의 피드에 나의 새로운 게시물을 바로 보여주지 않는다. 인스타그램을 자주 사용한다면 흔히들 경험하게 되는데, 친구가 새로운 게시물을 올렸다고 해서 내 피드에 바로 뜨지 않고 한참 스크롤을 내려야 뜨거나 며칠 뒤에 뜨거나 하는 이유와 동일하다. 전체 팔로워에게 새로운 게시물을 바로 노출시키는 게 아니라는 뜻이다. 팔로워의 10~30%에게 먼저 노출시켜준 후 노출 시켜준 숫자 대비 댓글이나 저장, 공유 등 인게이지먼트가 잘 나오면 해당 게시물은 팔로워들이 좋아하고 유익한 게시물이라고 판단하고 나머지 70~90% 팔로워들의 피드에도 노출 시켜준다.

만약 내 팔로워가 현재 300명인데 700명을 돈 주고 사서 1,000명으로 만들었다고 가정해보자. 1,000명의 팔로워 중 10~30%에게 노출이 되었을 때 대부분이 찐팬이 아닌 가짜 팔로워다 보니 내 게시물에 대해 반응을 하지 않을 것이다(구매한 팔로워는 단순 팔로워 수치만 높여주고 게시물에 좋아요나 댓글 등의 반응은 해주지 않는다. 요즘은 이 점을 이용하여 댓글이나 저장까지 해주는 팔로워로 구매할 수 있다고도 하는데 그렇게까지 해서 팔로워를 구매하기보단 그 비용을 콘텐츠에 투자하면 더 빠르게 많은 진성 팔로워, 즉 찐팬을 모을 수 있다고 생각한다).

게시물에 반응을 안 하는 팔로워 숫자가 많고 이게 한 번이 아니라 팔로워를 구매한 이상 계속 반복이 된다면 인스타그램은 해당 계정이 좋은 콘텐츠를 발행하지 않는 계정이라고 인식하여 점점 더 노출이 안 될 확률이 높다. 그래서 팔로워를 구매하기보단 콘텐츠로 팔로워를 늘리는 게 결국은 더 효율적이다. 무엇보다도 단순히 팔로워만 늘리는 것보단 나의 게시물을 진짜 좋아해주는 찐팬을 만드는 게 가장 중요하다. 팔로워 구매와 반대로 찐팬이 많으면 많을수록 게시물에 반응하는 팔로워 수치가 높아지다 보니 인스타그램은 내 게시물에 점점 더 많은 알고리즘의 기회를 줄 것이다.

팔로워는 SNS라는 가상의 세계에서 만나는 사람들이지만 어차피 사람과 사람이 만나는 플랫폼인 만큼 현실세계의 관계와 접목시켜도 된다. 우리가 새로운 사람을 만날 때 공통 관심사가 있으면 조금 더 빠르게 친해지는 것처럼(하물며 MBTI가 똑같거나) SNS에서도 나의 취향을 조금씩 드러내면 거기에 반응하고 더 가까워지는 팔로워들이 생긴다. 나의 취향은 전혀 없이 요즘 유행하는 영상, 남들이 다 가는 여행지 등만 계속 올리다 보면 나의 색깔이 사라지고 결국엔 내 피드에서 내 사진만 봤을 때 이 계정이 어느 계정인지 차별성까지 없어지게 된다. 나는 내 취향을 SNS에 드러내는 게 좋다고 생각하는데 이걸 어렵게 생각하지 않아도 된다.

특히 이때 활용하기 좋은 수단이 스토리인데, 스토리는 피드와 다르게 24시간 뒤에 휘발되다 보니 가볍게 시작하기 좋다. 예를 들면 오늘 내가 먹은 마라탕을 스토리에 올린다거나, 즐겨 듣는 플레이리스트를 공유하거나, 자주 입는 옷 쇼핑몰을 소개한다거나 등등 사소한 것이라도 하나씩 꾸준히 올리다 보면 나와 비슷한 취향을 갖고 계신 사람들이 DM으로 답장을 보내기도 하고 스토리에 좋아요를 누르기도 한다. 이게 반복되다 보면 나도 모르게 그 사람과 내 취향이 비슷하다고 느끼고 여행지를 찾아야 할 때 많고 많은 여행 크리에이터 계정 중에서 다른 사람보다는 본인과 취향이 맞았다고 느낀 바로 그 크리에이터 계정에 들어가 이전에 올린 게시물들을 살펴볼 확률이 높다.

나는 이 방법을 역이용하기도 한다. 다른 사람들이 스토리나 피드에 본인이 좋아하는 걸 올렸는데 나도 좋아하는 분야면 답장을 보낸다거나 댓글을 달거나 하며 공감대를 만들어나간다.

.. 무엇이든 물어보세요

또 다른 방법은 '무엇이든 물어보세요' 줄여서 '무물' 기능을 활용하는 것이다. 이것도 스토리로 할 수 있는데 대놓고 질문을 받는 거다. 나는 여행 크리에이터다 보니 무물을 하면 '가장 좋았던 제주도 숙소 알려주세요', '서울에서 데이트할 만한 곳 추천해주세요', '강릉 맛집 알려주세요' 등 여행에 관련된 질문을 많이 받는 편이다. 이때 내가 정말 좋았던 곳들을 소개하면 질문을 남긴 분들이 나의 추천을 받고 다녀온 후 DM으로 다녀왔던 사진과 장문의 내용을 종종 보내기도 한다. 이럴 땐 내가 사장님도 아닌데 괜히 뿌듯해진다. 나의 추천을 받고 다녀오신 분들도 나에 대해, 내가 추천한 여행지에 대해 긍정적으로 생각하게 되고 내 취향에 점점 더 흥미를 갖게 된다.

꼭 본인 분야에 대한 추천보다는 개인적인 내용을 무물이나 스토리로 언급하는 것도 한 가지 방법이다. 이것도 현실의 인간관계에 비유해보자면 친구가 나에게 속얘기를 하는 것과 비슷하다. 나의 경우 평범한 직장인 시절에서부터 크리에이터와 직장을 병행하던 시절, 퇴사를 고민하던 시절, 퇴사 직후 그리고 현재 전업으로 자리잡은 시기까지 모두 지켜보았던 팔로워들도 있고 중간부터 봐온 팔로워도 있다. 대한민국의 성인 대부분이 직장인이기 때문에 특히 직장과 관련된 고민상담을 나에게 하거나 아니면 내가 고민될 때 스토리에 남기기도 하는데 이런 속얘기를 할 때마다 많은 분들이 응원의 메시지를 보내주셨고, 나도 그 응원 메시지에 진심을 담아 답장을 드렸다.

한두 번 오가는 짧은 디엠이라고 하더라도 속얘기와 관련된 디엠은 더 큰 힘이 있는 것 같다. 물론 보는 사람이 불편할 정도로 힘든 내용이라거나 징징거리는 내용이 아닌 가벼운 내용이되 누구나 공감할법한 내용 위주로 올리고 있다. 인스타는 나의 일기장이 아니니 보는 사람이 피로하지 않아야 한다는 게 가장 중요하기 때문이다.

••   **소통과 진정성**

마지막으로 가장 중요한 건 '소통'이다. 어찌 됐든 인스타그램도 사람과 사람이 모인 플랫폼이기 때문에 내 게시물에 관심이 없는 계정보단 매번 게시물에 좋아요를 눌러주고 댓글을 남겨주는 계정에 더 눈이 가게 되는 건 어쩔 수 없다. 강의에서 가끔 받는 질문 중 하나가

'소희님도 품앗이 댓글 작업을 하세요?'라는 질문이다.

아무래도 인스타그램을 이제 시작하는 사람이라면 비교적 게시물에 댓글이 많이 안 달린다. 다른 사람들의 게시물에 댓글을 달면 품앗이 형태로 내 게시물에도 댓글이 달리기 때문에 다들 많이 하는 작업(?) 중 하나다. 이런 질문은 팔로워가 많은 사람도 품앗이 작업을 계속해야 하는지 궁금하기 때문일 텐데, 슬프게도(?) 나는 루틴처럼 한다. 다만 이게 귀찮지는 않다. 다른 크리에이터들의 계정에 가서 댓글을 달고 나면 앞에서 말한 것처럼 품앗이 형태로 그 사람들도 내 게시물에 댓글을 달아준다는 것 자체도 좋긴 하지만, 그것보다 더 좋은 건 공부가 된다는 거다.

SNS는 변화가 빠른 플랫폼이다. 그렇다 보니 끝없이 공부를 해야 한다고 생각하는데 다른 크리에이터들의 게시물을 보는 걸 루틴처럼 하다 보면 요즘은 어디를 많이 가는지, 유행하는 영상이나 사진 형태는 어떤 건지 자동으로 공부가 된다.

여기서 또 한 가지 중요한 건 아무런 의미가 없는 댓글은 안 남기느니만 못 하다는 거다. 간혹 나에게도 그런 댓글이 달린다. 난 분명 이 여행코스는 힘드니 추천하지 않는다고 글을 남겼는데, 멋진 사진만 보고는 코스 그대로 다녀와야겠다는 등의 댓글들이이다. 이건 글을 안 읽고 사진만 보고 대충 쓴 댓글이라는 걸 알 수 있다. 이왕 댓글을 다는 거, 그 사람의 사진과 글을 진심으로 보고 느낀 내용을 달 것을 추천한다. 당연히 그렇게 쓴 댓글은 게시물을 올린 사람도 알아본

153

다. 수십 개의 댓글 중에서 이 댓글이 찐이라는 것을. 그런 진정성 있는 댓글을 자주 남기다 보면 그런 계정에 눈이 가게 되기 마련이다.

팔로워를 늘리고 싶다면 '저희 취향이 비슷한 거 같아요~ 맞팔해요~' 같은 무성의한 댓글과 DM을 보내기보다는, 맞팔하고 싶은 계정에 딱 3번만 진정성 있게 댓글을 남겨볼 것을 추천한다. 일상생활에서도 마찬가지다. 처음 본 사람이 갑자기 나타나서 친해지자고 하면 오히려 거부감이 들 수도 있지만, 내 이야기에 귀기울여주고 진정성 있는 리액션을 해주며 나에게 관심을 갖고 챙겨주면 나 또한 호감을 갖고 호의를 베풀게 된다.

처음 본 계정에 복사, 붙여넣기 한 게 티 나는 DM으로 맞팔을 하자고 보내기보단 진심을 다해보자. 그러다 보면 팔로워는 자연스럽게 늘고 단순히 팔로워 수가 늘어나는 것보다도 정말 내 계정을 좋아해주는 사람들이 늘어나는 것을 확인할 수 있을 것이다.

원고료에 대한 미련 버리기

"직장 그만두고 인스타그램 하시는 거면 인스타그램으로 돈 많이 버시나봐요?"

종종 듣는 질문 중 하나다. 정말 그럴까?

인스타그램을 취미로 하는 게 아닌 전업 또는 수익화를 목적으로 하고 계신 분들이라면 '원고료'라는 이야기를 종종 들어봤을 것이다. 원고료는 말 그대로 SNS에 포스팅을 한 대가로 받는 보수이다. 이건 인스타그램뿐만 아니라 블로그, 유튜브 틱톡 등 SNS 채널이 큰 크리에이터들이라면 모두 이런 제안을 받아본 적이 있을 것이다. 꼭 원고료를 받지 않더라도 포스팅을 위한 서비스, 상품 등을 협찬받고 포스팅을 남겨달라는 제안을 받기도 하는데 여기에 원고료까지 받으면 꽤 짭짤한 용돈벌이가 될 수 있다. 계정이 커갈수록 용돈벌이에서 월급만큼 혹은 그 이상의 수익까지 낼 수도 있다.

그럼 다시 질문으로 돌아와서, 이 글을 작성하고 있는 현재, 32만 팔로워를 보유한 나는 돈을 정말 많이 벌까?

나의 경우 원고료를 받는 일, 즉 계정의 수익화를 굉장히 늦게 시작했다. 계정 주제에 따라 다르지만 팔로워 1,000명 미만이더라도 원고료를 받는 계정들이 있는데 나는 원고료 없이 오직 상품 제공으로 첫 협찬을 진행했을 때가 팔로워 9,000명일 때였다. 물론 첫 협찬을 팔로워 9,000명에 진행했다고 해서 그전까지 문의가 전혀 없었던 것은 아니다. 팔로워가 낮을 때부터 협찬은 들어온다. 특히 블로그의 경우 일일 방문자수가 100~200명일 때부터 문의가 왔었다. 그렇지만 나는 때를 기다렸다.

마케팅 회사에서 배운 것

마케팅 회사의 SNS 마케팅팀에서 근무했을 때 내가 맡았던 업무 중 하나가 인플루언서 마케팅이었다. 쉽게 말하자면 내가 담당하는 브랜드의 상품이나 서비스를 인플루언서들에게 협찬을 해주는 일이다. 주제별로 다양한 인플루언서와 협의를 진행했다. 그러다 보니 콘텐츠를 잘 만들고 팔로워들도 좋아하는 인플루언서들을 리스트업하는 업무도 자주 했고 광고주에게 보고를 하기 위해 인플루언서들의 팔로워 수치도 체크하게 되었다.

그때 알게 된 사실 중 하나가 아무리 지금 잘나가는 계정이더라도 팔로워 수치가 갑자기 줄어들 수 있고, 팔로워 수치가 낮은 계정들도 급격하게 성장할 수 있다는 점이었다. 수치를 주기적으로 체크하다 보니 팔로워가 줄어드는 시점도 한눈에 보였다.

계정의 성격과 어울리는 협찬

계정 주제에 맞지 않는 게시물을 자주 올릴 때 팔로워 수치가 낮아지는 경우가 많았다. 협찬 게시물을 올리더라도 주제에 잘 맞는(예를 들어 여행 인플루언서가 캐리어 소개 게시물을 올리는 경우) 게시물이면 광고성이라고 반감을 갖는 일이 잘 없다. 오히려 해당 계정과 잘 맞는 게시물이기 때문에 그 게시물을 보고 구매까지 이어지기도 한다.

반면 뜬금없이 평소 주제와 전혀 어울리지 않는 협찬 게시물을 올리면(다시 예를 들면 여행 인플루언서가 다이어트 제품 소개 게시물을 올리는 경우) 광고성이라는 게 강하게 느껴져 반감이 들 수 있다. 그런 게시물이 자주 쌓이다 보면 내가 해당 인플루언서를 팔로우했던 목적이 사라지기 때문에 결국엔 언팔로우를 하게 되는 것 같다. 마찬가지로 꼭 광고성이 아니더라도 주제와 너무 벗어나는 게시물이 자주 올라오면 팔로우가 많이 떨어질 수 있다. 이러한 이유 때문에 여러 주제를 올리고 싶다면 계정을 분리하는 것을 추천하는 것이다.

내가 협찬의 적절한 때를 기다린 이유도 여기에 있다. 팔로워가

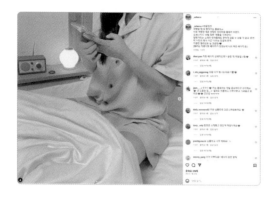

첫 광고건 업로드 이미지

9,000명보다 낮을 때도 광고는 들어왔지만 '여행'과 맞지 않는 광고가 들어왔고 9,000명을 넘어섰을 때 여행이라는 주제와 잘 녹일 수 있는 광고가 들어왔다. 바로 '잠옷' 광고. 잠옷과 여행? 조금 생소하게 느껴질 수 있는데 내가 해당 광고를 선택한 이유는 여행지에서 촬영이 가능했기 때문이다.

나의 경우 여행 카테고리 중에서도 '숙소' 위주로 업로드하다 보니 숙소 내부와 시설을 촬영하는 일이 많았다. 그중에서 잠옷과 수영복을 입고 촬영하는 일도 빠지지 않았다. 광고 촬영이라고 해서 특별히 뭔가를 더할 것도 없이 기존에 촬영하던 것처럼 숙소에서 잠옷을 입고 찍어서 올렸다. 이전에 올렸던 피드들과 이질감이 없어서 팔로워 이탈보다는 잠옷 구매처나 잠옷을 입고 찍은 장소 문의에 관한 댓글들이 달렸다.

광고의 물꼬를 처음 트는 게 어렵지 한 번 업로드를 하면 연이어 많은 문의들이 들어온다. 이는 아르바이트생을 뽑을 때 경력이 하나도 없는 사람보다는 한 번이라도 경력이 있는 사람을 선호하는 것과도 비슷하다. 광고도 한 번도 안 해본 사람보단 한 번이라도 해본 사람을 찾아 문의를 하게 마련이다.

눈앞의 원고료보다 더 중요한 것

제품이나 서비스 협찬 광고를 받다 보면 더 달콤하게 느껴지는 제안이 바로 원고료 지급이다. 나에게 맞는 제품 협찬 광고의 시기를 기다렸던 것처럼 원고료 지급 광고도 나의 계정의 성격과 맞지 않는다고 판단되는 경우 모두 정중하게 거절 의사를 밝히며 때를 기다렸다. 나도 사람인지라 소액이라도 원고료가 지급되는 건들이 있으면 내 계정과 맞지 않는 미용실, 키즈카페, 영화관 등의 광고라 하더라도 조금 고민이 됐던 건 사실이다. 하지만 처음 생각했던 대로 내 계정과 어울리지 않는 광고는 받지 않는다. 다행히 이 신조는 지금까지 깨지 않고 지키고 있다.

지금까지 계정을 운영하면서 팔로워가 연이어 이탈되지 않았던 가장 큰 이유는 이런 신조 덕분이라고 생각한다. 만약 내가 원고료에 흔들려서 다른 광고 건을 업로드했다면 원고료를 얻는 대신 팔로워들을 잃었을 거라 생각한다. 그리고 이 부분은 초창기 계정을 키우던 과거의 나에게 가장 칭찬해주고 싶은 부분 중 하나다.

이 글을 읽고 있는 분들 중 원고료 때문에 마음이 흔들리고 있는 분이 있다면 꼭 말씀드리고 싶다. 원고료에 대한 미련을 버리고 차라리 미래에 투자하라고. 지금 눈앞에 있는 원고료 하나 때문에 내 계정과 맞지 않는 게시물을 하나씩 올리다 보면 당장은 크게 눈에 띄지 않을지라도 그게 쌓이고 쌓여 원고료보다 더 중요한, 돈으로 쉽게 살 수 없는 팔로워들이 이탈하기 시작한다. 결국은 계정을 크게 성장시키기 어렵게 되니 초반만이라도 계정 주제에 맞는 게시물을 쌓아가길 바란다.

5부
___

직장과 인스타그램
병행 노하우

직장과 SNS
두 마리 토끼를 다 잡는 콘텐츠 제작 방법

SNS를 전업으로 한다면 모를까, 직장과 병행한다면 가장 중요한 것이 '효율'이다. 직장만 다니는 것도 힘든데 퇴근 후 SNS를 한다는 것은 투잡을 뛰는 거나 마찬가지다. 물론 취미로 SNS를 하는 게 아니라 하나의 '업'으로 여길 경우에 한해서다. 짧은 시간과 적은 에너지로 최대한의 효율을 낼 수 있는 방법을 알아야 지치지 않고 오래할 수 있다.

직장인 평균 퇴근시간이 6시이니 집에 돌아와서 씻고, 저녁을 먹고 나면 본격적으로 SNS에 전념할 수 있는 시간은 8시부터다. 그동안 피곤함 때문에 SNS에서 손을 놓으셨던 분들, 1개 게시물 올리는 것조차 버거우셨던 분들은 집중하길 바란다. 지금부터 인스타그램 게시물 1개로 최소 3개의 게시물을 더 만들어낼 수 있는 신기한 방법을 공개할 테니 말이다.

앞에서 말했듯이 시간이 금인 직장인들에게 가장 중요한 것은 '효율'이다. 그리고 SNS에서 효율의 끝판왕은 '미러링'이다. 미러링이란 말 그대로 거울에 비친 것처럼 1개의 게시물을 다른 채널에 똑같이 올리는 것이다. 특히 이건 요즘 대세인 '숏폼 영상'에 최적화되어 있다.

인스타그램에 릴스가 있다면 네이버엔 클립, 유튜브엔 숏츠가 있다. 그리고 틱톡은 플랫폼 자체가 숏폼 영상으로만 이루어져 있다. 이쯤 되면 눈치가 빠른 분들은 알아채셨을 것 같은데, 맞다. 인스타그램에 올린 릴스를 그대로 네이버 클립, 유튜브 숏츠, 틱톡에 업로드하는 거다(하나 더 추가하자면 숏폼이 특화된 플랫폼은 아니지만 스레드에 업로드하는 것도 방법이다. 짧은 텍스트가 메인이 되는 플랫폼이지만 종종 숏폼 영상의 인게이지먼트 수치가 잘 나오는 경우도 있다). 정말 그대로 올리면 되냐고 묻는다면, 맞다. 나의 주력 플랫폼에 올렸던 영상을 그대로 다른 플랫폼에도 올리면 된다. 숏폼이 존재하는 SNS 계정을 운영하는 분들이라면 누구나 쉽게 적용해볼 수 있다.

방법은 아주 간단하다. 인스타그램 릴스에 올린 영상과 업로드할 때 사용했던 텍스트를 복사해서 다른 플랫폼에 그대로 올리는 것이다. 물론 음원도 동일하게 선택해서 올리면 된다. 이렇게 미러링을 하면 1개의 영상으로 총 4개의 플랫폼에(인스타그램, 블로그, 유튜브, 틱톡) 업로드할 수 있고 각 플랫폼에 맞는 영상을 제작하는 시간을 단축할

왼쪽부터 똑같은 영상을 미러링해서 운영하고 있는 여행소희 인스타그램, 유튜브, 틱톡 계정의 일부

수 있다. 그보다 더 큰 장점도 있다. 바로 어디서 잭팟이 터질지 모른다는 점이다.

　예를 들어 내가 인스타그램만 운영할 경우 확률은 둘 중 하나다. 내 인스타그램 계정이 잘되거나 망하거나. 그렇지만 인스타그램 영상을 미러링해서 블로그와 유튜브, 틱톡에도 업로드한다면? 내가 잘될 확률이 4배나 높아질 수 있다.

　위 사진을 보면 숨은그림찾기처럼 순서는 조금씩 달라도 각 플랫폼별로 동일한 영상이 올라가 있는 걸 볼 수 있다. 그리고 영상에 나와 있는 조회수처럼 똑같은 영상을 그대로 업로드만 했을 뿐인데 조회수가 생각보다 잘 나온 걸 볼 수 있다. '인스타그램에서 인지도가 있으니까 조회수도 잘 나온 거 아니야?'라고 생각할 수도 있지만 그

렇지 않다. 틱톡의 경우 이 글을 쓰고 있는 지금까지도 인스타그램에
내가 틱톡을 한다는 걸 언급한 적이 단 한 번도 없다. 즉, 인스타그램
팔로워 유입 없이 오롯이 틱톡 자체에서만 키워진 조회수다. 그리고
(상황마다 다르겠지만) 틱톡 팔로워가 인스타그램 팔로워 오르는 속도보
다 훨씬 빨랐다. 틱톡 계정을 개설한 후 맞팔이나 댓글 작업 없이 오
로지 미러링으로만 약 1개월 만에 팔로워 수가 4,000명이 되었으니
까 말이다. 그리고 최근엔 틱톡으로 광고 문의까지 들어왔다.

시간과 체력이 금인 직장인들이 SNS를 가장 효율적으로 키우는
법? 미러링만 한 게 없다고 생각한다. 지금 이 글을 읽고 있는 직장인
분들, 아직 1개의 계정만 운영중이라면 지금 당장 새로운 플랫폼의
계정부터 개설해보자.

직장과 인스타그램 병행 하루 일과

앞에서도 말했듯이, 직장만 다니는 것도 벅찬데 인스타그램까지 같이 한다는 건 투잡을 하는 거나 다름없다. 특히 '여행' 분야의 경우 어딘가를 꼭 가야 촬영을 할 수 있기 때문에 다른 분야보다 시간과 비용도 많이 드는 편이다. 특히 비용적인 부분! 그래서 여행 크리에이터들은 돈을 못 모은다는 우스갯소리도 있다(ㅎㅎ).

직장과 병행할 경우 주말엔 여행을 가고 여행지에서 찍은 사진들은 퇴근 후에 올려야 하는데, 이렇게 하기 위해서는 시간 관리가 정말 중요하다. 나 역시 지금은 퇴사하고 전업 크리에이터의 삶을 살고 있지만 약 3년을 회사를 다니면서 본격적으로 인스타그램 계정을 키웠기 때문에 이 부분을 어떻게 해결했는지 설명해보려고 한다.

직장을 다닐 때 나의 하루 일과는 이러했다.

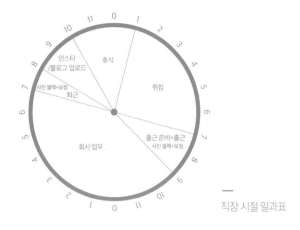

직장 시절 일과표

보통 매주 토요일에, 또는 연차를 낸 경우라면 금요일에 여행을 가서 수백 장의 사진을 촬영하고 돌아와 평일에 퇴근하고 업로드를 했다. 출근하는 아침 시간에는 그날 올릴 콘텐츠 사진을 셀렉하는 작업을 했다. 수백 장 중 10장을 이상형 월드컵 하듯 골랐다. 나는 아이폰을 사용하고 있어서 하트 기능(즐겨찾는 항목)을 활용했는데, 이렇게 사진에 하트를 눌러두면 사진마다 하나씩 클릭하지 않아도 내가 어떤 사진을 A컷으로 골랐는지 한눈에 알 수 있어서 좋다.

그렇게 사진 셀렉 후 보정 작업을 진행한다. 나의 경우 회사까지 도어투도어로 편도 1시간이었는데 이 시간이 꽤나 쏠쏠했다. 인스타그램을 본격적으로 시작하기 전엔 이 시간에 음악을 듣거나 폰으로 게임을 하고 유튜브 영상을 보거나 잠을 자면서 시간을 보냈다. 인스타그램을 본격적으로 하기로 마음먹은 이후부턴 이 시간을 최대한 활용해야 했다. 하루 24시간 중 자는 시간과 회사에서 일하는 시간을 빼면 인스타그램에 쏟을 시간이 생각보다 없기 때문에 출퇴근 시간을 적극적으로 활용했던 것 같다. 내가 근무하는 마케팅 업종 특성상 야근하는 날이 거의 매일이었다. 보통 1시간 정도 야근을 한 이후, 집으로 향하는 퇴근길에는 출근 시간에 미처 못한 보정 작업을 하고 집에 도착해서는 식사를 하며 인스타 업로드를 했다.

활동 시간 통계표

남는 시간을 최대한 활용하기 위해 어쩔 수 없이 만든 시간표였지만 의도하지 않은 효과도 있었다. 내 계정을 팔로우하고 있는 팔로워들 연령대의 가장 높은 비율이 25~34세였고, 이 나이대는 대부분 직장을 다니기 때문에 나처럼 퇴근 후 인스타그램을 하시는 사람들이 많았다. 내가 업로드를 하는 퇴근 후 시간은 내 팔로워들도 가장 많이 인스타그램에 접속하는 시간이었기 때문에 자연스럽게 도달률도 다른 시간대보단 잘 나왔다. 물론 팔로워들의 활동 시간은 계정마다 모두 다르다. 내 팔로워들의 활동 시간이 궁금하다면 아래의 탭을 참고하면 된다.

팔로워 활동시간 확인 방법

프로페셔널 대시보드 > 총 팔로워 > 가장 활동이 많은 시간

월급만으로 여행 콘텐츠를 꾸준히 올릴 수 있었던 방법

'여행' 크리에이터는 (비교적) 돈을 모으기 힘들다. 이 부분은 현재 여행 크리에이터를 본업으로 하고 있는 내가 뼈저리게 느끼고 있는 부분이다. 스튜디오를 대관해서 촬영하면 되는 패션/뷰티 분야, 야외에서 촬영하는 운동 분야들과 다르게 여행은 항공권부터 시작해서 숙박 비용, 여행지에서 기본으로 쓰는 교통비, 식대 등 한 번의 촬영을 위해 나가는 돈이 꽤 많다. 그리고 비용뿐만 아니라 촬영에 소요되는 시간도 많을 수밖에 없다(특히 지방이나 해외로 가게 되면 더욱더). 여기까지 읽고서 '난 여행 크리에이터는 어렵겠다' 생각이 들었다면 잠깐! 그럼에도 방법이 있다. 나 또한 직장인 월급으로 매주 여행을 다녔고 그렇게 여행 계정을 키워서 현재는 본업으로 삼고 있으니 말이다. 월급만으로 여행을 다닐 수 있었던 나의 방법들을 소개한다.

여행 촬영을 갈 때 비용이 많이 드는 부분 중 하나가 '숙박'이다. 숙박비만 아끼더라도 여행 경비의 1/3을 줄일 수 있을 만큼 지출이 큰 항목인데 여기서 중요한 건 무작정 가격만 저렴한 가성비 숙소를 예약하는 게 아닌 '콘텐츠화'할 수 있는 가성비 숙소를 예약하는 것이다.

물론 잠만 자는 용도로 숙소를 잡을 경우 최저가에 맞춰 예약을 하면 된다. 하지만 이 글을 읽는 대부분이 여행 크리에이터를 꿈꾸는 사람들일 거고 내 발이 닿는 여행지 어디든 콘텐츠화를 할수록 한 여행지에서 만들어나갈 수 있는 콘텐츠가 많아진다. 특히 직장인의 경우 전업 크리에이터들보다 여행을 갈 수 있는 시간적 여유가 없기 때문에 한 번 여행을 갔을 때 최대한 많은 콘텐츠를 촬영해오는 게 좋다. 어차피 잘 공간이 필요한 거, 가격에 감성까지 갖춘 숙소를 예약하는 게 베스트라고 생각한다. 가성비 숙소를 찾는 방법은 크게 3가지이다.

숙소 예약 플랫폼 활용하기

가장 쉬운 방법은 숙소 예약 플랫폼에서 내가 원하는 가격대를 설정하여 찾는 것이다. 대중적으로 이용하는 네이버, 에어비앤비에서 '필터'를 누르면 1박에 최소 1만원대부터 설정된 숙소 리스트를 볼 수 있다(최소 금액은 지역별로 상이함).

네이버 예약 시 가격 범위를 확인할 수 있는 팝업 창

에어비앤비 예약 시 가격 범위를 확인할 수 있는 팝업 창

　　나의 예산에 맞는 곳을 고른 후 바로 예약을 하기보단 네이버나 인스타그램에 해당 숙소 이름을 검색하여 콘텐츠화할 수 있는 포토존이 있는 곳인지 확인하는 게 좋다. 물론 이 과정 없이 숙소에서 홍보용으로 올려놓은 사진만 보고 판단해도 무리가 없지만 일반 여행객이 촬영한 사진을 보면 숙소 컨디션을 보다 더 정확히 확인할 수 있어서 나의 경우 SNS에 한 번 더 검색을 해보는 편이다.

인스타그램, 블로그에서 키워드 검색하기

가성비 숙소를 찾는 두 번째 방법은 인스타그램이나 블로그에 '지역명+가성비숙소' 또는 '지역명+10만원대 숙소' 등 지역과 가격대를 함께 검색해보는 것이다. 첫 번째 방법은 가격을 위주로 본다면 두 번째 방법은 포토존 여부를 보다 빠르게 확인할 수 있어서 자주 사용하는 방법이다. 이미 다녀간 사람들이 각자만의 포토존을 찾아 업로드한 사진을 참고해서 콘텐츠화의 여부를 결정하면 되니 가격도 가격이지만 콘텐츠가 더 중요한 사람이라면 두 번째 방법을 추천한다. 단이 방법의 치명적인 단점은 가격 변동이 있거나 상위 노출을 위한 훼이크 해시태그다. 막상 검색해보면 가격이 저렴하지 않을 수 있다는점을 유의해야 한다.

신상 숙소 공략하기

가성비 숙소를 찾는 마지막 방법은 신상 숙소를 공략하는 것이다. 코로나가 잠잠해진 이후 다시 해외로 여행을 가는 사람들의 비중이 늘면서 국내 기존 숙소들 중 할인 이벤트를 진행하는 곳도 많고 신상 숙소의 경우 한창 국내 숙소가 붐이었을 때보다 가격대가 많이 낮아졌다. 여기서 오픈 이벤트까지 하는 곳들은 최소 20%, 많게는 절반 가격에 예약을 할 수 있다.

나의 경우 인스타그램으로 #신상숙소 #가오픈숙소 #신상펜션 등의 해시태그를 팔로우하고 있다. 또한 신상 숙소를 틈틈이 많이 찾다 보면 인스타그램 알고리즘상 탐색탭에 새로 오픈하는 숙소 계정이 떠서 해시태그로 찾지 않더라도 탐색탭에 들어가서 자주 확인할 수 있다. 다만 해당 방법은 평소 신상 숙소를 많이 검색해야 인스타그램 알고리즘상 노출이 되는 거라 아직 탐색탭에 뜨지 않는다면 해시태그부터 팔로우하는 걸 추천한다.

가성비 숙소를 예약하면 숙소비를 많이 지출하지 않아도 되는 것도 장점이지만, 경험상 콘텐츠를 올렸을 때에도 비싼 숙소보다 저렴한 금액의 숙소가 훨씬 인게이지먼트가 잘 나왔다. 이유를 생각해보니 생각보다 명쾌했다. 우리가 1박에 50~70만원대의 숙소를 가는 건 평생 몇 번 있을까 말까이다. 사람들이 여행을 떠날 때 가장 먼저 찾아보게 되는 건 1박에 7만원, 10만원대의 가성비 숙소이다. 이러한 숙소는 보다 부담 없이 갈 수 있다 보니 SNS를 하는 사람들도 조금 더 현실성 있는 숙소에 반응을 하는 것 같다.

여행 경비도 아낄 수 있고 콘텐츠 인게이지먼트도 높일 수 있는 가성비 숙소 리스트는 부록으로 정리해두었다. 내가 갔었던, 그리고 가려고 저장해두었던 전국 가성비 숙소 리스트들이니 삶이 너무 바빠서 가성비 숙소를 하나하나 찾기 어렵다면 부록의 리스트를 참고해보는 걸 추천한다.

한때 내 삶 자체가 체험단이라고 해도 무방할 정도로 모든 것을 체험단으로 했던 때가 있었다. 가볍게는 카페와 식당부터 미용실, 네일아트, 뮤지컬 심지어 국내 숙소들까지 모두 체험단을 신청해서 지원을 받았다. 특히 체험단 사이트에는 '내돈내산' 하기엔 다소 가격대가 있지만 경험해보고 싶은 고급 레스토랑이나 문화생활, 독채 풀빌라 등이 있어서 무료로 이용해볼 수 있다는 것 자체만으로도 좋았다. 하지만 그에 더해 다녀온 경험을 포스팅으로 남기면 그 포스팅이 나의 포트폴리오가 될 수 있다는 것이 장점이라고 생각한다.

SNS를 열심히 하다 보면 '다른 사람들은 협찬도 잘 받는 것 같은데 왜 나에게 협찬 문의가 들어오지 않지?' 하고 고민될 때가 있는데, 이럴 때는 메일함이나 DM함을 하염없이 새로고침하며 협찬 문의를 기다리기보단 포트폴리오를 쌓는 걸 추천한다. 이때 내가 사용한 방법이 체험단이다. 가령 내가 카페의 사장이고 인플루언서에게 협찬을 맡긴다 했을 때 사람 심리상 광고 진행을 한 번도 안 해본 인플루언서보단 한 번이라도 경험이 있는 인플루언서에게 맡기게 되지 않을까? 이처럼 협찬은 받고 싶지만 문의가 들어오지 않는다면 체험단 사이트를 활용해 협찬을 경험하며 일단 나만의 포트폴리오를 쌓아가는 것도 한 가지 방법이다.

비용적인 부분에 대해서도 이야기를 해보자. 예를 들어 미용실에

한 번 가면 염색에 커트까지 최소 20만원은 우습게 지출하게 되는데 이걸 체험단으로 진행하면 20만원을 아낄 수 있다. 여행 크리에이터인 나는 이렇게 절약한 비용을 여행에 보탰다. 직장인이다 보니 월급은 고정이지만 콘텐츠에 대한 욕심이 생기면서 여행은 자주 가고 싶었는데, 이때 당장 월급을 높일 수는 없으니 고정적으로 나가는 지출을 체험단으로 충당하고 충당한 비용을 여행에 보태는 방식을 선택한 셈이다.

체험단이라고 하면 블로거들을 위한 곳이 대부분이라고 생각하곤 하는데 블로그만큼이나 인스타그램과 유튜브 유저들이 급격하게 늘면서 체험단 사이트도 블로그, 인스타그램, 유튜브 중 채널을 선택해서 신청할 수 있게끔 하는 곳들이 있다. 이러한 곳들을 잘 살펴보고 본인이 중점적으로 키우고 있는 채널에 맞게 신청하면 된다.

참고로 이건 우리나라에 유명한 체험단 사이트 담당자님과 미팅을 하면서 알게 된 꿀팁인데, 포스팅에 상품이나 서비스 등의 사진만 있는 것보다는 본인이 직접 이용하고 있는 사진이 들어가야 선정 확률이 높다고 한다. 체험단은 자주 신청하지만 선정이 잘 안 되는 것 같다면 특히 썸네일에 본인 사진을 넣는 걸 추천한다.

TIP. 체험단 사이트 모음

월급만으로 여행을 다닐 수 있었던 큰 이유 중 하나는 일상적인 지출 (식당, 카페, 미용실 등)을 체험단으로 세이브 했기 때문이다. 뿐만 아니라 체험단 사이트에도 카테고리가 다양해 비용 절감뿐 아니라 내 주제에 맞는 광고 포트폴리오를 쌓을 수 있다. 블로그, 인스타그램, 유튜브 등 채널에 맞게 신청할 수 있는 것도 장점!

여행소희 @_sohee.e 픽 체험단 리스트. 실제로 내가 블로그 시절부터 자주 사용했던 체험단 사이트부터 신상 사이트까지 모은 자료이다. 코멘트를 참고해서 신청해보도록 하자.

1. 레뷰

코멘트	체험단 사이트 중 가장 규모가 큰 곳. 그만큼 업체가 많음
참고링크	https://www.revu.net/

2. 디너의 여왕

코멘트	맛집 위주. 팔로워수 낮아도 선정 확률 높음
참고링크	https://dinnerqueen.net/

3. 서울오빠

코멘트	업체 규모 대비 선정 확률 높은 편
참고링크	https://www.seoulouba.co.kr/

4. 미블

코멘트	선정 확률이 매우 높은 편
참고링크	https://www.mrblog.net/

5. 포블로그

코멘트	맛집, 배송 제품이 많은 편
참고링크	https://4blog.net/

6. 모블

코멘트	제품 배송형이 많아 제품 리뷰 인스타그래머에게 추천
참고링크	https://modublog.co.kr/

7. 리뷰플레이스

코멘트	선정 확률 높은 체험단을 알려줌
참고링크	https://reviewplace.co.kr/

8. 핫블

코멘트	수도권 위주. 당일로도 예약 가능하니 급할 때 추천
참고링크	https://hotble.co.kr/index.php

9. 리뷰노트

코멘트	아직 많이 알려지지 않은 곳이라 선정 확률 높음
참고링크	https://www.reviewnote.co.kr/

10. 잠자리 체험단

코멘트	숙박 체험단으로 여행 인스타그래머에게 추천
참고링크	https://blog.naver.com/alljam2018

11. 강남 맛집

코멘트	제품 배송형이 많아 제품 리뷰 인스타그래머에게 추천
참고링크	https://강남맛집.net

12. 블로그 원정대

코멘트	제품 배송형이 많아 제품 리뷰 인스타그래머에게 추천
참고링크	https://blog.naver.com/ajw4151

13, 허니뷰

코멘트	맛집 쪽이 많아 맛집 인스타그래머에 추천
참고링크	https://hnvu.co.kr/

14. 가보자체험단

코멘트	맛집 쪽이 많아 맛집 인스타그래머에게 추천
참고링크	https://가보자체험단.com

15. 링블

코멘트	선정 확률 높은 편
참고링크	https://www.ringble.co.kr/

16. 파인앳플

코멘트	선정 확률 높은 편
참고링크	https://www.fineadple.com/

17. 체험뷰

코멘트	선정 확률 높은 편
참고링크	https://chvu.co.kr/

18. 클라우드리뷰

코멘트	제품 배송형이 많아 제품 리뷰 인스타그래머에게 추천
참고링크	https://www.cloudreview.co.kr/

19. 티블

코멘트	방문, 배송, 기자단 등 선택 폭이 다양함
참고링크	https://www.tble.kr

20. 놀러와체험단

코멘트	방문, 배송, 기자단 등 선택 폭이 다양함
참고링크	https://www.cometoplay.kr

직장과 크리에이터 둘 다
놓치지 않기 위해 했던 것들

취미 삼아 SNS와 직장을 병행했던 시기를 빼고 정말 투잡이라고 말할 수 있던 시간만 꼽자면 약 3년간이다. 그 3년 동안은 직장과 인스타그램, 두 개의 회사를 다녔다고 할 수 있을 정도로 치열하게 집중했다(블로그와 인스타그램에 소소하게 여행 정보를 올리는 시기를 포함하면 10년 정도 되겠지만). 내 계정이 대형 커뮤니티에 올라가고, 게시물 좋아요가 잘 나오고, 광고가 들어오는 초반 시기에는 이 모든 상황이 신기해서, 그리고 마냥 즐거운 마음에 병행을 했지만 계정이 커가면 커갈수록 마냥 즐거운 일만 있지는 않았다.

모두에게 시간이 동일하게 흐르듯이 내 계정 팔로워가 많아져서 광고 문의가 늘어날수록 회사에서는 연차가 쌓이고 있었다. 연차가 쌓인다? 즉, 책임감이 높아지고 일의 강도와 양도 많아진다는 뜻이다. 그러다 보니 점점 벅찰 수밖에 없었다. 특히 나의 경우 카테고리가 '여행'이었기 때문에 주말엔 항상 콘텐츠를 촬영하러 가야 했고, 주말엔 어느 여행지든 사람이 많다 보니 평일에 가야 하는 상황도 많이 생겼다. 그리고 '여행' 중에서도 '숙소' 위주로 업로드하는 계정이다 보니 숙소 협찬의 비중이 가장 높은 편이었는데 신상 숙소라 하더라도 주말엔 예약이 차기 때문에 대부분 평일 객실을 협찬으로 주려는 경우가 많았다. 그렇지만 나는 평일에 출근을 해야 하는 입장이고 번번이 연차를 쓸 수도 없었다. 이런 상황에서 내가 어떻게 해결해나갔는지 지금부터 설명하려 한다.

●●   회사에서의 업무 효율을 높이는 방법

우선 가장 중요하고, 내가 몸소 뼈저리게 느낀 것은 '본업이 가장 중요하다'이다. 이걸 절대 잊으면 안 된다. SNS뿐만 아니라 다른 부업을 하고 있을 경우 그 부업이 잘되면 본업에 소홀해지는 상황이 온다. 나 또한 그랬고 이 부분은 동료의 피드백과 업무 실수에서 다 드러나곤 했다. 내가 다니던 회사의 경우 반기마다 '익명 피드백'이라고 하여 팀원 개개인의 업무에 대해 서로 익명으로 피드백을 했다. 인스타그램의 팔로워가 높아지던 초창기엔 업무 집중력이 낮아지는 게 느껴졌고 자잘한 실수가 늘어나면서 긍정적인 피드백도 점차 줄어들었다. 그리고 그런 피드백들을 보며 정신을 똑바로 차려야겠다는 생각을 했다. 그때부터 본업은 본업, 부업은 부업으로 확실히 나누었다.

5부의 '직장과 인스타그램 병행 하루 일과' 챕터에서 언급한 것처럼 내 계정은 25~34세 팔로워 비중이 가장 높은 편이라 퇴근 시간에 맞춰 게시물을 업로드해야 인게이지먼트 수치가 잘 나온다. 그렇지만 내가 야근을 해야만 하는 일이 생기면? 야근을 마친 후 겨우 보정을 해서 업로드했을 때는 이미 내 팔로워들이 다음날 출근을 위해 잠들었을 시간이라 인게이지먼트 수치가 현저히 낮았다.

우선 순위로 목표를 두었던 건 '업무 시간에 최대한 집중하기'였다. 최대한 집중해서 일을 끝내야 정시에 퇴근을 해서 크리에이터로 다시 출근을 할 수 있기 때문이다. 다만 여기서 '칼퇴'에 목표를 두기보단 '깔끔한 업무'에 집중을 해야 한다. 칼퇴에 초점을 맞추고 일 끝내기에만 급급해서 얼렁뚱땅 일을 마치면 동료가 나 때문에 야근을 해야 할 수 있고 혹은 내일의 내가 야근을 할 수 있기 때문이다. 가끔 업무가 많아 칼퇴가 어려울 것 같은 날엔 출근 시간보다 모니터 앞에 빨리 앉거나 집에 와서 늦은 저녁에 추가로 업무를 했다. 어떻게든 내 계정의 황금 시간대를 놓치고 싶지 않았기 때문이다.

소소한 꿀팁을 소개하자면 다음 두 가지를 반드시 지키는 것이다.

1. 출근하자마자 '투 두 리스트'를 작성하기

1번의 경우 오늘 할 일을 쭉 적어두고 가장 급한 불이 뭔지(무슨 일이 있어도 오늘까지 해야 하는 일) 체크를 해두는 것이다. 그러면 해야 하는 일이 한눈에 보이기 때문에 시간을 잘 쪼개서 업무에 집중할 수 있다.

2번의 경우 내가 오전에 집중력이 좋은지 오후에 좋은지를 파악해보는 것이다. 내 스타일을 잘 파악해두면 일의 종류에 따라 순서를 효율적으로 정할 수 있다. 나는 오전보다 오후가 일의 효율이 좋았던 편이라 오전엔 깊게 고민을 안 해도 되는 일, 즉 데일리 보고서 작성이나 메일 회신, 광고 집행, 자료 서치 등 몸에 밴 일을 위주로 했다. 그리고 오후엔 생각이 필요한 제안서를 작성한다거나 회의에 참여해서 아이데이션을 하는 등의 업무 위주로 배분했다.

나의 업무 성향을 파악하고 일의 순서를 정리하다 보니 업무 속도가 자연스럽게 붙었다.

● ●   크리에이터로서의 주말 효율을 높이는 방법

지금까진 회사에서 업무 효율을 높이는 방법을 공유했다면 이제는 크리에이터로서의 주말 효율을 높이는 법을 말해보고자 한다.

일반 직장인의 경우 주말을 쉬다 보니 촬영할 수 있는 날짜가 딱 이

틀이고, 이틀 동안 촬영한 걸 5일 동안 나눠서 올리게 된다. 나의 경우 일요일 오후엔 꼭 집에서 쉬는 시간을 가졌고, 최소 주 3회 업로드를 했기 때문에 하루 하고도 반나절 동안 3일치 콘텐츠를 촬영해야 했다. 시간이 많지 않다 보니 이번 주는 어떤 콘텐츠를 찍어야 다음 주에 내 계정이 성장할 수 있을지 매주가 고민의 연속이었다. 처음엔 무작정 예뻐 보이는 곳, 아니면 친구가 지난주 주말에 다녀와서 추천해준 곳을 가곤 했다. 어떤 콘텐츠를 촬영해야 인게이지먼트가 잘 나오는지 몰랐을 때니까. 근데 이것도 하다 보니 인스타그램이 다 힌트를 주고 있었다.

바로 '탐색' 탭이다. 탐색탭의 중요성은 2부의 '인스타그램은 레드오션이다?'에서도 언급한 것처럼 인스타그램에서 습관적으로 봐야 하는 카테고리다. 나 또한 요즘도 습관적으로 자주 보지만 직장인일 때는 더 자주 본 것 같다. 탐색탭에 자주 보이는 장소가 현재 인스타그램에서 노출이 많이 되고 있는 장소이기 때문에 이번 주 주말에 그 장소에서 촬영을 해서 올리면 다른 장소보다 인게이지먼트 수치가 높게 나올 확률이 크기 때문이다. 이틀밖에 없는 주말, 이왕이면 어느 정도 보장된 장소에서 촬영을 하는 게 계정 성장에 안전하다고 판단했다.

그리고 나의 경우 '폴더링' 하는 습관을 들였다. 계절마다 피는 꽃, 월별 여행지, 지역별 여행지, 지역별 숙소를 메모장과 인스타그램에 폴더링하여 저장해두며 다음 계절에 가야 하는 곳을 미리 생각하고 연차를 언제쯤 써야 할지도 일찍부터 계획했다.

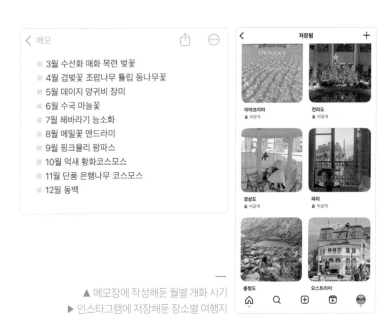

▲ 메모장에 작성해둔 월별 개화 시기
▶ 인스타그램에 저장해둔 장소별 여행지

위 사진은 내 메모장과 인스타그램 저장탭의 일부이다. 해당 이미지처럼 폴더링해두며 다음 연차는 언제, 어떻게 어디에 쓸 건지를 미리 짜두었다. 예를 들어 곧 튤립 시즌이 돌아오니 이번 튤립은 언제 어디 어디서 촬영할 건지 미리 계획해두면 그 시즌이 왔을 때 어느 장소를 가야 할지 정신없이 알아보지 않아도 된다.

직장 다니며 주 3회 이상
업로드 하는 방법

'직장과 크리에이터 둘 다 놓치지 않기 위해 했던 것들'에서 직장과 크리에이터 병행 방법을 소개했다면, 이번엔 직장을 다니며 꾸준히 콘텐츠를 쌓을 수 있는 방법에 대해 소개하려 한다.

효율을 높이는 촬영 노하우

우선 직장인 특성상 매주 여행을 가는 게 금전적으로도 시간적으로도, 또 체력적으로도 부담스럽기 때문에 한 번 여행 갔을 때 최대한 많은 콘텐츠를 촬영해 오는 게 중요하다. '직장과 크리에이터 둘 다 놓치지 않기 위해 했던 것들'에서 인게이지먼트가 높게 나올 여행지를 찾

1번 다녀와서 3번 업로드한(분홍색 박스 표시) 강원도 숙소 사진

았다면 해당 장소에서 다양한 앵글로 촬영을 해야 한다. 보통 1개의 장소를 1번 업로드하는 것으로 생각해서 매번 다른 장소를 가고, 업로드해야 한다고 여기는 경우가 많은데 그렇지 않다. 1개의 장소는 N번 올릴 수 있다. 그리고 N번을 올려야 최대한 촬영을 덜 가고 직장에 집중하며 SNS도 키울 수 있다.

　예를 들어 강원도 숙소 1개를 갔을 경우 숙소 1곳만 업로드하기보단 아래와 같이 최소 5건은 업로드할 수 있다.

　　　1. 숙소 소개

　　　2. 가격대별 모음집

　　　3. 강원도 여행 코스 안내

　　　4. 오션뷰 숙소 모음

5. 1박 2일 강원도 여행 경비/일정/팁 총정리

사실 이렇게 나눠서 올릴 수 있다는 걸 생각하지 못했을 때 나는 1개의 장소를 다른 사진들로 2~3번 업로드하기도 했다.

1박에 20만원 후반대 정도 했던 강원도의 숙소인데, 한 달에 내 월급의 1/10 정도 되는 금액을 하루에 쓰자니 너무 큰 금액이라 몇 번이고 망설인 후 예약한 곳이다. 고민하는 동안 계속 아른아른거려서 결국 기념일에 갔었는데 이때 큰돈을 들여서 간 만큼 사진도 많이 찍었다. 그렇게 찍어온 사진을 인스타그램에 1번만 올리기엔 20만원 후반대라는 금액이 아깝기도 하고 기대하고 간 만큼 역시 너무나 멋진 공간이라 3번이나 업로드했다. 그리고 이 업로드로 인해 나에게 첫 숙소 협찬이라는 기회가 주어졌다.

협찬으로 간 사람이든 '내돈내산'으로 간 사람이든 보통 게시물을 1번 올리고 마는데 나의 경우 같은 숙소를 여러 번 올리니까 사장님께서 감사하다고 연락을 주신 거다. 이렇게 많이 올려주시는 분은 처음이라며 사진도 너무 마음에 드신다고 2호점을 오픈하면 초대하겠다고 하셨다. 그때는 사장님께서 내 사진을 마음에 든다고 하신 것 자체만으로도 기뻐서 2호점 초대를 잊고 있었는데, 몇 달이 지나고 진짜 초대를 해주셨다. 그리하여 덕분에 첫 숙소 협찬을 받게 된 거다.

한 공간을 여러 번 업로드하면 1번의 여행으로 많은 콘텐츠를 생산할 수 있다는 장점도 있지만 나의 경우처럼 생각지도 못한 기회가 따라

올 수도 있다. 어쩌면 이게 직장인 크리에이터의 장점이 아닐까 싶다.

　현재 전업 크리에이터가 된 나는 시간적 여유가 많다 보니 촬영할 수 있는 기회도 많아졌고, 자연스럽게 업로드할 게 밀려서 한 장소는 보통 1번만 올리게 된다. 직장인 크리에이터라고 단점만 있는 게 아니니 이런 상황을 역으로 이용해서 또 다른 기회를 만들어내도 좋을 것 같다. 참고로 N번을 올릴 때 이전에 올렸던 사진을 그대로 사용하면 보는 팔로워들도 새롭게 느껴지지 않으니 올리지 않은 다른 사진을 최대한 활용하는 걸 추천한다. 이를 위해서는 1번 촬영하러 갔을 때 최대한 다양한 구도로 찍고 영상과 사진 하나에 치우치지 않고 둘 다 촬영을 해야 나중에 업로드할 소스의 선택 폭이 넓어진다.

·· 　　　　　　　　시너지 효과를 내는 업로드의 힘

촬영의 중요성을 알았다면 다음은 업로드다. 사실 여기서부터가 진짜다. 아무리 다양하게 촬영해 왔다고 한들 업로드하지 않고 앨범 속에만 있으면 말짱 도루묵이다.

　앞서 말한 방법은 1개의 장소에서 N번 업로드하는 거라면 이번에 소개하고 싶은 방법은 1개의 장소에서 촬영한 걸 N개의 채널에 업로드하는 거다. 이 또한 내가 아직까지도 잘 사용하고 있는 방법이고 추천하는 방법 중 하나이다.

인스타그램 업로드 사진

혼자 떠난 촌캉스 브이로그 🌿🏯 l 리틀포레
스트를 꿈꾸고 가면 이렇게 됩니다 l 솥뚜껑…
소희맨션 soheemansion · 조회수 2.7만회 · 1년 전

유튜브 업로드 사진

SNS는 다양하지만 그중에서 가장 많이들 하는 게 인스타그램, 블로그, 유튜브, 틱톡이다. 여기서 가장 쉽게 시작하는 건 인스타그램이

촌캉스 충청도 여행 옥천 강청스테이 / 충
북 감성 펜션 솥뚜껑 바베큐 ♥

감성 가득한 촌캉스를 하고 싶다면 바로 여기! 위
치 충북 옥천 (자세한 주소는 체크인 시 안내) 인...

2023. 3. 21.
♡190 ⓒ32

고, 인스타그램을 한다면 블로그만큼은 꼭 같이 하라고 말하고 싶다.
세로 영상을 찍어야 하는 틱톡 그리고 가로 영상을 찍어야 하는 유튜
브와 다르게 인스타그램과 블로그는 동일하다. 기본적으로는 사진
으로 승부하게 된다(물론 인스타그램과 블로그도 세로 영상이 있지만 그건 차차
설명하겠다).

　어차피 여행지에서 인스타그램 촬영을 했으니 그 사진을 블로그
에도 올려보면 어떨까? 참고로 앞에 소개한 '미러링'과는 다른 방법
이다. 미러링은 인스타그램에 올렸던 숏폼 영상을 그대로 타 채널에
업로드하는 거지만 이 방법은 같은 장소를 각 플랫폼 성격에 맞추어
추가 업로드를 하는 것이다. 그리고 인스타그램 업로드를 위해 해당
장소에 대한 사전 조사를 마쳤으니 블로그에도 사전 조사를 바탕으
로 포스팅을 하면 되니 말이다. 특히 나의 경우 인스타그램과 블로그,
유튜브 3개의 채널을 동시에 운영 중이어서 1번 촬영을 갈 때 3개의
채널에 올릴 걸 염두하고 간다.

　앞의 사진들은 옥천에 있는 숙소에 가서 촬영하고 업로드했던 게
시물의 캡처본이다. 3개의 채널에 올린 콘텐츠들이 모두 인게이지먼

트가 잘 나왔다. 나는 이것이 땅에 씨앗을 심는 것과 같다고 생각한다.

예를 들어 내가 인스타그램이라는 씨앗을 정성스럽게 돌보았을 때 미래는 둘 중 하나다. 인스타그램의 씨앗에서 꽃이 피거나 안 피거나. 하지만 블로그라는 씨앗, 유튜브라는 씨앗도 함께 심었을 때는 꽃이 필 확률이 더 높아진다. 누구나 처음 해보는 일은 어렵고 시간이 많이 든다. 씨앗을 심는 것도 마찬가지다. 처음 인스타그램이라는 채널을 시작할 때는 1개의 SNS에만 하는 것도 버거울 수 있지만 이왕 한 번 해본 거 다른 채널도 같이 해보면 처음 인스타그램을 했을 때보다 어렵다고 느껴지지 않는다. 이게 내가 블로그로 시작했지만 인스타그램을 남들보다 빠르게 키울 수 있었던 이유다.

2부에서도 말한 것처럼 나는 분명 여행 크리에이터들 중에서 후발주자였다. 그럼에도 3년 만에 32배로 성장하는 결과를 낼 수 있었던 건 블로그를 했던 경험이 있어서일 거다. 블로그를 하면서 사진을 촬영하고 보정하는 법을 터득했으며 보는 이들에게 어떤 점을 소구해야 반응을 이끌어낼 수 있는지도 자연스럽게 배웠다. 그러니 지금 1개의 SNS 채널이라도 하고 있다면 2번째 SNS 채널을 시작하는 걸 어렵게 생각하지 않았으면 좋겠다. 분명 처음보단 쉬울 거다. 그리고 시너지가 있을 거다.

6부
—

인스타그램
수익

협찬 받는 방법

SNS를 통한 수익화 실현은 특히 나처럼 전업 크리에이터를 꿈꾸는 분들이 더욱 관심을 갖게 되는 주제다. 그리고 전업 크리에이터가 아니더라도 월급 외 부수입을 위해 인스타그램을 하는 사람들도 많기 때문에 인스타그램을 주제로 오프라인 강의를 할 때마다 가장 빠르게 마감되는 게 '수익화' 강의이기도 했다. 인스타그램으로 수익을 창출하는 방법에는 원고료 외에도 다양한 길이 있다.

SNS로 수익 창출하는 방법

1. 기업 출강 및 강의
2. 브랜드와의 협업

2. 개인 사업자(카페/맛집/숙소 등)와의 협업

3. 커뮤니티 운영

4. 사진 필터 제작

5. 어플 제작

6. 자체 상품 제작

7. 도서 출간

8. 공동구매

9. 전자책 출간

위에 열거한 것 외에도 다른 수익화 방법도 있을 것이다. 열심히만 하면 다양한 방면으로 파이프라인을 만들 수 있다. 아마 대부분의 사람들이 원고료로 수익화를 많이 할 것이다. 원고료가 인스타그램 수익화에서 가장 기본이 되기도 하고 비교적 쉽게 수익으로 직결할 수 있는 부분이기 때문에 원고료 위주로 설명하고자 한다. 나의 경우 첫 원고료를 팔로워 1만 명일 때 5만 원을 받으며 시작했다.

오른쪽 페이지의 게시물이 나에게 인스타그램으로 첫 수익을 안겨다 준 협업 건이다. 나는 1만 명일 때부터 원고료를 받긴 했지만 감사하게도 요즘은 여행 카테고리에서 원고료를 지급하는 게 당연시처럼 되고 있어서 1만 명보다 훨씬 낮은 팔로워일 때도 원고료를 받을 수 있다. 처음부터 원고료를 받으며 시작할 수 있으면 좋겠지만, 남의 돈을 받는다는 게 쉬운 게 아니다라는 걸 인스타그램을 하며 새삼

첫 수익 게시글

많이 느낀다. 처음부터 너무 원고료만을 좇기보단 단순 협찬(제품 제
공)을 받으며 협업 포트폴리오를 쌓아가는 것도 방법이다.

단순 협찬 받는 법

체험단 사이트를 활용하며 나만의 포트폴리오를 쌓는 법

슬프지만 현실적으로 말하자면 팔로워수가 낮다면 협찬을 받기가
힘들다. 그럼에도 방법이 있다. 바로 '체험단'이다. 5부 '직장과 인스
타그램 병행 노하우'에 쓴 것처럼 나는 오래전부터 체험단 사이트를
적극적으로 활용했다. 이는 생활비에 보탬이 되기도 했지만 더 좋았
던 건 체험단 후기가 나만의 광고 포트폴리오가 된다는 점이다. 사람

심리라는 게 그렇지 않나. 예를 들어 내가 식당의 사장이라고 가정을 해보자. 내 식당을 홍보하고 싶을 때 협찬 경험이 하나도 없는 크리에이터보단 몇 번이라도 진행해본 크리에이터에게 맡기고 싶지 않을까? 빈익빈 부익부처럼 협찬이 안 들어오는 사람은 계속 안 들어오고 협찬이 많이 들어오는 사람은 이전의 협찬 게시물 덕분에 계속 들어온다. 이때 언제 협찬 문의가 오려나 DM창과 메일을 새로고침하기보단 체험단 사이트를 활용할 것을 적극 추천한다. 그리고 체험단 게시물을 업로드할 때는 광고주 또는 체험단 담당자들에게 내 게시물이 노출되어 타 협찬 건으로 이어질 수 있도록 해시태그나 상위노출 키워드를 고민하며 작성해보자.

브랜드 또는 사장님들께 협업 제안하기

두 번째 방법은 협업 제안이다. 내가 협업하고 싶은 브랜드 또는 숙소나 카페 등이 있다면 먼저 연락해보는 것이다.

실제로 내가 마케팅 회사에서 근무할 때 경험한 일이다. 내가 담당했던 주류 브랜드에서 신제품이 출시돼 이걸 소개해줄 주류 인플루언서를 찾고 있었을 때였다. 주류 인플루언서는 누가 있는지 잘 모르던 때라 서치가 필요했는데, 마침 한 분이 떠올랐다. 그분의 경우 해당 주류 브랜드의 애주가이신지 거의 매일같이 스토리에 브랜드 계정을 태그해서 올리셨다. 모든 마케팅 담당자가 그러하듯 나 또한 혹시나 부정 이슈가 있을까, 문의 들어온 게 있을까 하고 DM 함을 틈틈이 보는 편이다. 매일같이 계정 태그를 해서 올려주시는 분이 기억에 남을 수밖에 없어서 그분께 주류 신제품 협찬 문의를 드렸더니 역시나 너무 좋아하시면서 후기를 정성스럽게 남겨주셨다.

이처럼 내가 협업하고 싶은 브랜드가 있다면 그 브랜드의 연락을 기다리기보단 내가 그 브랜드를 사용하고, 입고, 먹을 때마다 피드에 태그를 하는, 스토리에 태그하든 열심히 내 존재를 알려보자. 그 브랜드를 내가 얼마나 좋아하고 잘 촬영하는지 여기저기, 한 군데라도 더 알려야 기회가 열린다. 이러한 활동은 브랜드가 아닌 숙소나 카페, 식당을 운영하시는 소상공인 사장님과 일을 할 때도 도움이 된다.

실제로 나도 숙소 사장님께 먼저 연락을 드린 적이 있다. 요즘은 인스타그램 피드에 많이 보이는 '숙박권 이벤트'를 처음 할 때였는데, 너도나도 숙박권 이벤트를 할 때 나도 이벤트를 개최하고 싶었지만 먼저 연락을 해주시는 숙소 사장님이 없었다. 이때 내가 먼저 숙소 사장님께 연락을 드렸다. 요즘 이런 이벤트가 인스타그램에서 유행중이고 이벤트 진행 시 숙소 계정 팔로워가 어느 정도 증가하게 될 거 같다고 함께 말씀드렸다. 이렇게 먼저 제안드린 적은 처음이라 너무 초조하고, 거절당하면 어떡하지 걱정도 들었다. 다행히 아무 숙소에 제안을 한 게 아니라 몇 번이나 재방문했던 숙소에 연락을 드렸던 거라 사장님도 나를 잘 알고 계셨고, 마침 숙박권 이벤트를 하고 싶었는데 어떻게 해야 할지 몰랐다며 너무 좋다고 하셨다.

이렇게 나의 첫 번째 제안은 성공했다. 먼저 연락을 드리면 혹시나

'읽씹'을 당하진 않을까, 거절당하진 않을까 걱정되는 마음에 용기를 못 내는 분들이 많을 텐데 시도하지 않으면 결과는 당연히 0이다. 물론 그렇다고 여기저기 다 찔러보는 형태로 제안을 하라는 것은 절대 아니다. 내가 정말 잘 소개할 수 있을 것 같은 곳, 내 피드의 톤 앤 매너와 잘 맞는 곳, 내가 예쁘게 담을 수 있는 곳에만 연락해야 연락을 받는 사장님도 내 진심을 알아줄 거라 생각한다.

요즘 숙소가 1박에 20~40만원 정도 하는데 하루 손님을 받지 않고 나에게 내어주시는 만큼 사장님도 큰 고민 끝에 협업 제안에 수락하신다는 걸 가장 염두에 두고 연락하는 걸 추천한다. 이때 협업 제안이 처음이라 어떻게 말씀드려야 할지 모르겠는 분들을 위해 내가 협찬 문의를 위해 보냈던 메시지를 공유하자면 아래와 같다.

본인 소개

> 안녕하세요 OOO(숙소 이름) 사장님
> 여행 계정을 운영하고 있는 여행소희라고 합니다.

숙소에 대한 관심 표현

> OOO는 오픈 전부터 피드에 올라오는 사진을 보며
> 너무나 궁금했던 곳인데 드디어 오픈하신 것 같더라구요!
> 오픈 축하 드립니다 :)

본론

(포스팅 해드릴 수 있는 범위 안내)

저는 현재 여행 인스타그램과 여행 블로그를 운영하고 있는데요.

OOO에서의 1박을 무료로 제공해주신다면

숙박하며 예쁜 사진 촬영 후 숙소 장점들을 강조한

인스타그램 피드 1개(여행 관련 해시태그 포함)

스토리 5개 이상(하이라이트 고정), 블로그 포스팅 1개를 해드릴 수

있습니다.

포트폴리오 안내

(협업 건 링크와 기존 협업 결과를 수치화 하여 넣는 것을 추천)

참고차 그동안 진행 했던 숙소 협업 링크도 함께 공유 드립니다.

OOO - 제주도 숙소

OOO - 강원도 숙소

OOO - 경기도 숙소

협업 진행 후 보통 숙소 계정 팔로워는 OOO명 증가하고, 예약률은

OO% 높아지는 편입니다.

특히 제 계정의 경우 커플 위주의 영상을 자주 담고 있어

2인 숙소인 OO(숙소 이름)의 장점을 더욱 잘 담을 수 있을 거 같아

연락 드립니다.고민해보시면서 궁금한 점이 있다면 편히 DM 부탁 드리겠습니다.

감사합니다. :)

단, 해당 내용은 DM 템플릿이 아니다. 너도나도 비슷한 양식으로 사장님들께 연락을 드리면 진정성이 느껴지지 않아 좋은 피드백을 기대할 수 없다. 이런 식으로도 연락을 드릴 수 있다는 점만 참고해보면 좋겠다.

인스타그램 협찬을 꾸준히 받다 보면 초반엔 단순 제품 제공, 서비스 제공을 넘어 '원고료'를 받게 되는 순간이 온다. 첫 원고료 관련해서 담당자님과 DM으로 논의했던 순간이 아직도 눈에 선하다.

앞에서 소개한 것처럼 나의 첫 원고료는 팔로워 1만 때 5만원을 받은 것이었다. 해당 식당이 내가 거주하는 서울에 있었고 나도 SNS에서 보고는 가보고 싶었던 곳이기도 했다. 게다가 원고료를 받던 시절이 아니었기 때문에 음식만 제공해줘도 당연히 가려 했었다. 그런데 그 담당자님께서 '소희님 원고료는 얼마를 드리면 되나요?'라고 DM을 보내셨다. 그리고 나는 한참을 고민했다. 마케팅 에이전시에서 근무하고 있었기 때문에 나와 비슷한 팔로워수를 보유한 크리에이터들이 대략 어느 정도 받는지는 알고 있었지만 모든 마케팅이 그러하듯 예산이 상이하기도 했고, 난 이 식당을 꼭 가보고 싶었기 때문에 큰 금액을 불렀다가 협찬이 무산될 것 같아 소심하게 5만원이라고 회신했다. 담당자님은 내 DM을 보자마자 바로 답장을 했다. 알겠다고. 이때 나는 내가 원고료를 너무 낮게 불렀다는 걸 깨달았다. 물론 그때 담당자님이 마침 내 DM을 빠르게 봐서 바로 답장을 하신 걸 수도 있다. 하지만 원고료를 수백 번 조율해본 경험상, 대부분 원고료를 말씀드렸을 때 아무런 조율 없이 바로 알겠다고 하는 경우는 내가 비교적 낮은 원고료를 말했을 때였다. 그리고 이런 수많은 조율 끝에 나 정도면 원고료를 얼마 정도 받을 수 있구나, 하는 걸 깨닫게 되었다.

인스타그램 관련 강의를 할 때 자주 받는 질문 중 하나가 '원고료'를 얼마 받아야 할지 모르겠다는 내용이다. 마케팅 에이전시에서 근무했던 나조차도 조율에 실패(?)한 경험이 많았던지라 선뜻 답하기가 굉장히 어렵다. SNS 세상에선 정해진 금액도 없다.

팔로워가 적더라도 고퀄리티의 장비를 사용하여 시간을 많이 들여 촬영하시는 분들도 계시고, 팔로워가 많지만 빠르게 촬영하고 편집을 해서 비교적 낮은 원고료를 받는 분들도 계시기 때문이다.

마케팅 대행사에서 일하며 크리에이터 분들과 원고료 조율을 많이 해본 결과 평균적인 금액은 1만 팔로워 기준 10만원 정도이다. 이 금액은 어떤 내용을 촬영하느냐에 따라 다르다. 촬영해야 하는 장소가 많거나 거리가 멀다면 당연히 원고료는 높아질 수밖에 없다. 그럼에도 이 금액을 공개하는 건 내 팔로워가 5,000명인데 얼마를 받아야 할지 모르겠는 분들이 '1만 팔로워가 10만원이니 5천명은 5만원 정도겠구나' 하고 감을 잡았으면 하는 마음에서다. 그럼 나처럼 원고료 조율에 실패하는 경험을 덜 할 테니 말이다. 다만 1만 팔로워=10만원 공식을 무작정 다 대입할 수는 없다. 10만 팔로워=100만원, 20만 팔로워=200만원처럼 그대로 적용되는 게 아니기 때문이다. 왜냐하면 모든 마케팅에는 예산이라는게 있기 때문에 무작정 많은 금액을 쓸 수 없다. 그러니 어느 정도 나의 금액을 정해둔 후 브랜드 예산에 맞게, 상황에 맞게 조정하는 것을 추천한다.

•• 원고료 조율하기

원고료를 조율할때, 또는 원고료를 포함한 협찬을 받고 싶을 땐 '교통비'를 명목으로 시작하는 걸 추천한다.

나는 서울에 거주하고 있기 때문에 제주도나 부산 등 거리가 먼 곳은 KTX, 비행기값 등 교통비가 꽤 많이 나간다. 교통비만 받아도 적게는 10만원, 많게는 20만원을 아낄 수 있다. 즉 10~20만원의 원고료를 받은 셈이다. 그리고 협찬 건을 요청하시는 마케팅 담당자님 혹은 개인사업자분들께 말씀드릴 때도 도움이 된다. 같은 10만원을 말씀드리더라도 교통비 명목과 원고료 명목은 다르게 와닿기 때문이다. 나의 경우 먼 지역에서 협찬 요청이 왔을 때 내가 거주하는 지역이 어디이고, 교통비가 어느 정도 발생하기 때문에 이 부분은 받고 있다고 말씀을 드리는 편이고, 이렇게 말씀드리니 대부분의 담당자님들께서 OK 답변을 주셨다. 왜냐하면 그들도 알기 때문이다. 이번 협업건을 위해 시간과 비용이 어느 정도 소요되는지.

교통비 다음으로 말씀드릴 수 있는 다른 명목은 내 채널의 특성을 활용하는 것이다. 특히 이건 커플 크리에이터 계정이나 부부, 가족 계정분들께 추천을 드리고 실제 많은 커플 크리에이터 분들이 많이 활용하고 있는 방법이기도 하다.

커플 사진이나 아이와 즐기는 사진을 요청하는 곳들의 경우 나 혼자 가서 촬영하는 게 아닌 함께 이동을 해야 하는 문제가 있다. 이 부분을 담당자님께 이야기한다. 그분들도 내 계정에 올라온 커플 또는 아이와 함께 즐기는 사진을 보고 그런 사진을 올려주길 원하는 마음에서 내게 연락을 한 것이기 때문에 그 부분에 대해서는 충분히 납득한다. 협찬 관련해서 회신을 할 때 혼자 가서 촬영하는 게 아니라 둘(커플), 셋(가족)이 함께 이동해야 해서 체류비, 교통비가 두세 배가 든다고 말씀을 드리면 이 또한 긍정적으로 회신이 올 확률이 높다.

원고료 더 높이는 방법

원고료를 받고 광고 건을 진행하다 보면 처음 원고료를 받을 때처럼 고민의 순간이 온다. 원고료를 더 높이고 싶은데 얼마를 높여야 할지, 어떻게 높여야 할지 말이다. 처음 원고료를 받았을 때, 나의 원고료를 얼마로 제안해야 할지 고민됐을 때와 같은 상황이다. 이미 원고료를 받고 있는 상황이라면 내 몸값을 더 높일 수 있는 방법들이 여러 가지가 있다.

●●
2차 활용

그중 첫 번째는 2차 활용이다. 특히 이건 브랜드와 협업 시 꼭 조율해야 하는 부분이다. 2차 활용에 대해 모르고 넘어간다면 추가적인 수익을 낼 수 있는 기회를 날리는 것과도 같으니 잘 따져보아야 한다.

우선 2차 활용은 내가 촬영한 사진과 영상을 브랜드 측에서 오프라인이나 본인들의 SNS 채널 혹은 광고를 집행하는 등에 사용하는 행위를 말한다. 즉 내 저작물의 사용 권한을 타인에게 위임한다는 뜻이다. 보통 계약서에 이 부분이 명시되어 있다. 계약서를 처음 받아들면 워드 파일 7~8장에 낯설기만 한 법 관련 용어들이 길게 작성되어 있다 보니 알아서 잘 작성해줬겠지, 라는 생각에 바로 서명을 하게 되는 일들이 많다. 이렇게 서명을 해버리면 내가 힘들게 촬영하고 보정한 사진들을 브랜드 측에선 추가 비용 없이 자유롭게 사용하게끔 해버리는 꼴이 된다.

대부분의 계약서엔 '콘텐츠 사용의 범위' 혹은 '2차 활용'이라는 내용으로 내 사진을 어느 채널에 언제까지 쓰겠다고 명시가 되어 있는데 사용 범위가 넓으면 넓을수록, 사용 기간이 길면 길수록 많은 비용을 받을 수 있다. 정리하면 브랜드에서 2차 활용을 요구할 때는 아래 3가지를 확인해야 한다.

1. 기간: 언제까지 내 콘텐츠를 사용할 것인가?

2. 용도: 어떤 용도로 내 영상을 사용할 것인가?

3. 범위: 어디에 내 영상을 사용할 것인가?

두 번째 방법은 서브 채널을 활용하는 것이다. 5부의 '직장 다니며 주 3회 이상 업로드하는 방법'에서 인스타그램 외 블로그나 유튜브, 틱톡 등을 하면 또 다른 씨앗을 뿌려 성장할 확률이 배가 된다고 설명했는데 성장할 확률만 높이는 게 아니라 원고료까지 높일 수 있다.

서브 채널이 있다는 것을 틈틈이 홍보하자

나의 경우 운영하고 있는 채널에서 가장 메인 채널이 인스타그램이기 때문에 광고 문의의 8할은 내 인스타그램 계정을 보고 오는 편이다. 그리고 나는 인스타그램 광고 답변을 하면서 서브 채널에도 광고가 가능하다는 점과 원고료는 어떻게 되는지를 함께 알려드리고 있다. 광고주 측에서 먼저 서브 채널에 광고가 가능한지 문의하지 않았는데도 말이다.

크리에이터가 본업이 되고 나서 느낀 게 꽤 많은데 그중 하나가 계정 규모의 크기와 별개로 생각보다 사람들은 내 계정에 관심이 없다는 점이다. 내가 서브채널로 블로그와 유튜브도 운영하고 있다고 프로필란에 기재를 해두어도 이를 모르는 분들이 대다수이다. 블로그와 유튜브도 함께 채널 운영을 하는 만큼 꽤 많은 시간이 소요되는데 이렇게 열심히 하고 있다는 걸 최대한 알려야 한다고 생각한다. 즉, 자기 PR이 필요하다는 점이다.

인스타그램 포스팅을 할 때 하단에 '자세한 후기는 블로그 or 유튜브 채널에도 올려두었습니다'와 같은 문구를 기재하고 있는 것처럼 광고 문의가 왔을 때도 인스타그램뿐만 아니라 블로그와 유튜브에도 가능하다고 먼저 말씀을 드리고 있다. 이 부분은 직장인일 때 마케터 신분으로 크리에이터를 컨택하며 배우게 된 점이기도 하다.

보통 브랜드에서 SNS/인플루언서 마케팅을 할 때에는 1개의 채널에만 하지 않는다. 정해진 예산으로 블로그/인스타그램/유튜브 각각의 채널에 홍보를 하기 때문에 제품을 홍보해줄 블로거/인스타그래머/유튜버를 서치해야 한다. 이러한 점을 알고 있었기 때문에 서브 채널을 언급하는 것이다.

어차피 나에게 연락을 준 광고주는 타 채널에 포스팅을 해줄 크리에이터를 추가로 더 찾아야 하는 상황이다. 그런데 내가 그 채널까지 포스팅을 할 수 있다면 광고주 입장에서는 2명과 커뮤니케이션해야 하는 것들을 1명과 하면 되니 편리하고, 촬영을 하는 나는 어차피 콘텐츠 촬영을 하는 김에 다른 채널에 업로드할 것까지 함께 하면 된다. 2개의 제품을 각각 찍는 것보다 1개의 제품을 2개 채널에 업로드하는 게 훨씬 빠르게 촬영할 수 있으니 서로 좋은 셈이다.

서브 채널 활용은 브랜드뿐만 아니라 개인 사업자이신 사장님들께 제안드릴 때도 성사 확률이 높았다. 비율로 따져보면 오히려 사장님들께 제안드렸을 때가 더 높았던 것 같다. 사장님들의 경우 개인 사업이다 보니 매출의 최전선에 계셔서 인플루언서 마케팅 효과를 얼고 싶지만 인플루언서를 어디서부터 어떻게 찾아야 하는지를 모르는 경우가 많기 때문이다. 특히 나의 경우 '숙소'가 메인이다 보니 촬영을 가서 사장님들을 만나면 대부분 퇴직하고 숙소를 운영하고 계신 분들이 많아서 나의 부모님 연세와 비슷하신 분들이셨다. SNS도 인플루언서도 모두 낯설어서 한 번 진행할 때 최대한 많은 채널에 업로드되길 원하는 분들이 많이 계셨다.

서브 채널 운영을 추천하는 이유

이건 촬영을 하러 갔을 때 한 사장님께 들은 이야기이다. 사업장이 잘 되려면 중요한 요소 중에 하나가 후기지만, '내돈내산'으로 다녀간 사람들은 후기를 써주는 경우가 극히 드물다고 한다. 그나마 공수가 덜 드는 인스타그램에는 후기를 종종 남겨주지만 블로그 후기는 인스타그램 대비 공수가 더 많이 들어서인지 웬만하지 않고서야 남기지 않아서 블로그 후기가 더 필요하다고 덧붙이셨다. 블로그는 공간별로 상세하게 소개가 가능하고 전국민이 가장 많이 사용하는 네이버 포털 사이트에 올라가는 거다 보니 더 넓은 스펙트럼의 고객들에게 포스팅이 퍼져나가는 기회가 되기도 한다.

숙소 위치를 찾아볼 때 사용하는 '네이버 지도' 앱의 경우에 블로그에 후기를 남기면 네이버 지도를 검색했을 때 블로그 포스팅 후기가 연동된다. 위치와 후기가 함께 노출되면서 후기가 아예 없는 곳보다는 어느 정도 후기가 차 있는 곳들을 많이 방문하게 될 확률이 높다.

그리고 블로그 후기가 많이 누적되어 있어야 지역명+숙소(예를 들면 '제주도 숙소')를 검색했을 때 상위에 노출되어 숙소를 찾는 사람들에게 예약을 유도할 수 있다. 이러한 이유들 때문에 블로그 후기를 필요로 하시는 사장님들이 많다.

이러한 점을 공략해서 서브 채널을 함께 활용하는 것이다. 이땐 'win-win 전략'을 펼친다. 말 그대로 사장님도 좋고 나도 좋은 전략이다. 사장님의 경우 한 번의 상품 및 서비스 제공으로 블로그 후기와 인스타그램 후기 2개를 얻으실 수 있고 크리에이터의 경우 서브 채널 업로드로 인한 추가 원고료를 받을 수 있다.

예를 들어 인스타그램 포스팅 원고료가 1건에 20만원, 블로그는 1건에 10만원이라고 가정했을 때 인스타그램과 블로그에 각각 1건씩 포스팅 하면 30만원이지만 나의 경우 인스타그램 촬영을 갔을 때 블로그도 함께 촬영을 진행하게 된다면 서브 채널은 절반 또는 1/3 금액만 받는 편이다. 같은 채널에 2번 업로드를 원하실 경우도 마찬가지다. 1번 촬영을 하러 갔을 때 2번 업로드할 양을 촬영해오면 되니 마찬가지로 절반 또는 1/3 금액만 받고 있다.

광고 제안이 왔을 때 문의받는 내용만 안내하기보다 이렇게 추가적인 수익을 낼 수 있는 방향으로 제시해보면 어떨까?

세 번째 방법은 원고료 세분화하기다. 광고 문의를 받다 보면 정말 다양한 지역, 다양한 상품과 서비스로 연락이 온다. 이전에는 인스타그램은 1건에 얼마, 블로그는 1건에 얼마로 통일했다면 지금은 다르다. 더 세분화했다. 특히 이건 내가 많이 겪어보고 당해보면서(?) 얻은 교훈이다.

　나는 서울에 살고 있어 수도권 촬영의 경우 시간도 교통비도 비교적 적게 들어가는 편이다. 그렇지만 지방의 경우, 특히 비행기를 타고 가야 하는 제주도의 경우 시간과 교통비 모두 무시를 못 한다. 지금은 지역별로 원고료 테이블을 만들어 문의가 들어오는 지역에 맞게 안내를 해드리고 있다.

　추가로 촬영해야 하는 공간 수량도 마찬가지이다. 특히 촬영해야 하는 장소 수량이 많은 경우(심지어 장소마다 거리가 멀다거나), 맛집은 촬영해야 하는 음식 종류가 많은 경우, 숙소 1개동 촬영이 아닌 4~5개동을 촬영해야 할 경우, 보통 찍는 양보다 몇 배의 촬영을 해야만 한다. 그리고 촬영에서 끝나는 게 아니고 촬영보다 더 많은 시간이 들어가는 보정이라는 산이 기다리고 있다. 예전에는 이 부분을 고려하지 못했다. 호텔 촬영을 하러 갔는데 같이 운영중인 리조트도 함께 촬영을 하는 거였고 호텔과 리조트 둘 다 부대시설이 많다 보니 평소보다 엄청나게 많은 양을 찍고 돌아온 일도 있었다.

그 이후부터는 원고료를 협의할 때 촬영해야 하는 장소 수량이 어떻게 되는지 지역은 어디인지부터 확인을 한다. 그리고 이렇게 원고료 테이블을 나눴을 경우 광고주분께 상세한 설명을 덧붙이는 걸 추천한다.

예를 들어 수도권 촬영은 1건에 10만원, 강원도는 20만원일 경우 강원도 문의가 들어왔을 때 바로 20만원이라고 말씀드리기보다는 '원래는 인스타그램 1건에 10만원의 비용을 받고 있는데 제가 서울에 거주하고 있는지라 강원도까지의 왕복 교통비와 소요 시간을 고려해 20만원을 받고 있다'라고 설명을 덧붙이면 광고주 입장에서 20만원이라는 금액이 터무니없게 느껴지기보다 좀더 쉽게 이해할 확률이 높다.

사장님들끼리는 효과가 좋았던 인플루언서를 서로 소개해주시곤 하는데, 이때도 오해하는 상황을 막을 수 있다. 이 또한 내가 경험해보고 깨달은 점이다. 서울에서 협찬을 진행했던 사장님 동생분이 제주도에서 숙소를 운영하고 있어서 내 계정을 동생분께 추천을 해주셨다. 동생분은 나에게 협찬 문의를 했는데 생각했던 금액과 다르니 진행을 고민해보겠다고 답변을 주셨다. 이때까지만 해도 나는 제주도 사장님이 서울 사장님과 자매이신지 몰랐고, 내 원고료 테이블에 맞게 말씀드린 거라 예산이 맞지 않나 보다 싶었는데 이후 서울 사장님께서 연락을 주셨다. 동생이 연락했을 텐데 금액이 다른 이유가 있냐고. 그제야 상황을 이해할 수 있었다. 이때는 다행히 두 분이 자매

셔서 빠르게 소통이 가능했다.

이렇지 않을 경우 누군가는 금액이 다른 이유 때문에 오해를 할 수 있으니 부연 설명까지 꼭 덧붙이도록 하자. 나에게 협찬을 해주는 브랜드와 사장님들께 괜한 오해를 방지할 수 있을 뿐만 아니라 내가 받는 원고료에 대한 이해까지 높일 수 있다. 이는 계약 성사에까지 이를 확률도 높아지니 원고료 조율 시 적용해보길 바란다.

● ●   주종목의 원고료 높이기

네 번째 방법은 주종목의 원고료를 높이는 거다. 같은 여행 계정이더라도 내가 숙소 쪽이 메인인 것처럼 큰 카테고리 안에서 내가 더 잘하는 것, 내 계정에 올렸을 때 유독 반응이 좋은 주제가 있을 것이다. 반응이 높다는 것은 팔로워들이 해당 주제의 게시물을 올렸을 때 게시물 좋아요/댓글/저장/공유 수치를 넘어 매출까지 이어진다는 말이다. 이 또한 회사를 다니는 동안 배우게 된 부분이다.

SNS 마케팅 팀에 근무를 하다 보니 각종 MCN(Multi Channel Network, 다중 채널 네트워크. 인터넷 방송 플랫폼에서 활동하는 인터넷 방송인이나 인플루언서들을 지원, 관리하며 수익을 공유하는 회사)의 소개서를 보고, 소개서에 있는 크리에이터들의 단가를 확인한 후 예산을 계획할 때가 많다. 소개서에 있는 크리에이터들 중에 같은 채널에 동일한 수량으로

올라가는 건데도 단가가 다른 경우가 있었다.

예를 들어 헤어 전문 유튜버의 경우 리빙 아이템 소개 영상보다 헤어 제품 소개 영상 단가가 훨씬 높았다. 왜냐하면 해당 유튜버의 구독자들은 '헤어'에 관심 있는 사람들이 많기 때문에 헤어 제품을 소개할 때 조회수뿐만 아니라 소개한 제품의 매출까지 높아지기 때문이다. 이 점을 활용한 거다. 광고주의 목적은 매출일 테니 말이다. 이런 부분들 때문에 1부의 '어떤 주제로 시작해야 할까'에서 주제를 잘 잡아야 한다고 강조한 것이다. 단순히 내 계정의 색깔뿐만 아니라 수익까지 연동이 된다.

나의 경우도 맛집/전시/팝업/상품홍보 등에 대한 원고료보다 숙소 홍보에 대한 원고료가 더 높은 편이다. 다른 계정보다 그리고 내 계정에서도 다른 게시물보다 숙소 게시물이 올라왔을 때 반응이 가장 좋기 때문이다.

그리고 주종목뿐만 아니라 소요 시간에 따라 원고료를 다르게 하는 것도 한 가지 방법이다. 하루를 종일 촬영해야 하는 숙소(일출과 일몰뷰가 멋진 곳일 경우 더욱더)와 다르게 맛집, 전시, 팝업 등은 비교적 촬영 시간이 짧기 때문에 해당 카테고리의 비용을 더 낮게 받기도 한다.

TIP. 콘텐츠 2차 활용 금액 테이블

브랜드 측에서 나의 콘텐츠를 2차 활용하겠다고 하거나 원고료를 조율할 때 2차 활용 비용을 묻는 경우, 금액을 어떻게 제시해야 할지 막막하다면 아래 예시 금액을 참고해보자. 2차 활용의 경우 원고료처럼 고정된 금액이 아닌 기간/용도/범위에 따라 상이하게 받는 경우가 대부분이니 예시 금액을 참고하여 브랜드 측에 회신하면 된다.

기간	3개월	6개월	1년	1년 이상
용도	원본(=클린본) 제공	디지털 광고 집행	커머스 활용	오프라인 활용
범위	온라인	온라인	온라인or 오프라인	오프라인
금액	원고료의 30%	원고료의 40~50%	원고료의 50~100%	원고료의 150~200%

대행사에서 일하며 배우게 된
인플루언서의 세계

마케팅 대행사에서 일한 경험이 전업 크리에이터가 된 지금의 큰 뿌리가 되었다. 특히 SNS 마케팅 팀에서 근무하며 인플루언서 마케팅 업무를 했기 때문에 조금 더 자신감을 갖고 퇴사를 할 수 있었던 것 같다.

인플루언서 마케팅 관련 업무에 대한 이야기를 풀어보자면 큰 프로세스는 이러하다.

신제품 출시 > 마케팅 전략 수립 > 인플루언서 리스트업 > 협업 진행 > 결과보고서 작성

인플루언서를 리스트업하는 과정에서 브랜드와 잘 맞는 인플루언

서를 폭풍 서치하는데, 매번 새로운 인플루언서를 찾는 일에 은근히 많은 시간이 소요된다. 그래서 대행사에 돌아다니는 파일이 있다. 바로 '인플루언서 리스트'. 각 카테고리별 인플루언서 계정과 원고료, 팔로워수 그리고 메모란이 있는데 여기서 중요한 게 메모란이다.

메모란은 협업을 해보고 이슈가 있었던 내용을 기재해둬서 다음 협업 때 참고를 하는 건데 긍정적인 메모로는 이런 게 있다. 상위노출이 잘 되는 분, 콘텐츠 퀄리티가 높은 분, 서비스 노출을 해주시는 분, 커뮤니케이션이 빠른 분 등등. 물론 긍정적인 메모만 있는 건 아니다. 부정적인 메모들도 있는데 보통 부정적인 메모에서 가장 큰 비중을 차지하는 게 마감기간 관련이나 연락두절의 문제다. 둘 다 비슷한 이슈이다.

보통 협업을 진행하면 크게 4개의 일정을 잡는다.

기획안 > 촬영 > 콘텐츠 제출 > 업로드

여기서 가장 큰 영향을 미치는 게 콘텐츠 제출과 업로드인데, 정해진 날짜까지 콘텐츠를 보내주지 않는 경우 업로드 일정까지 더 타이트해지면서 대행사와 고객사가 원고를 컨펌할 시간이 부족해진다. 혹 크리에이터가 늦게 보낸 콘텐츠가 가이드에 맞지 않거나 퀄리티 이슈가 있을 경우 업로드 일정에 차질이 생기는 최악의 상황까지 발생한다. 인플루언서 마케팅을 하는 이유는 브랜드의 제품이 이슈화

되어야 하는 시기에 인플루언서의 영향력을 빌리려 하는 건데, 업로드가 늦어지면 이슈화되어야 하는 시기에 맞지 않게 되고 마케팅을 하는 이유와 멀어지게 된다.

연락 두절도 마찬가지다. 콘텐츠까지 잘 제출하고 업로드 당일에 콘텐츠가 올라오지 않는다거나, 컨펌된 내용대로 올리지 않아 급하게 연락을 하면 연락이 닿지 않거나 할 때 대행사 입장에서는 정말 울고 싶다. 그리고 이런 일이 반복될 경우 메모란에 부정적인 내용이 쓰이면서 블랙리스트에 들어가게 되는 거다(물론 사람인지라 급한 일이 생길 수 있으니 1번의 이슈로 메모란에 부정적인 내용을 쓰지 않는다. 이런 상황이 중복적으로 발생할 경우 쓰는 편이다).

여기서 블랙리스트란 협업을 할 때마다 이슈가 있어서 더 이상 협업을 하면 안 되는 계정들을 리스트업 해둔 건데, 크리에이터 입장에서는 저렇게까지 해야 하냐고 느낄 수 있지만 대행사 입장에서는 어쩔 수 없다. 광고주에게 마케팅 비용을 받고 일처리를 하는 만큼, 그리고 세상에 크리에이터가 많은 만큼 협업을 진행할 때 일처리가 깔끔한 인플루언서와 하고 싶은 게 당연하다.

대행사마다 다르겠지만 보통 하나의 대행사는 몇십 개의 브랜드를, 많게는 몇백 개의 브랜드를 담당하기 때문에 해당 대행사의 블랙리스트에 리스트업이 되면 몇십 개 또는 몇백 개의 협업 건을 못 받게 되는 것과 다름없다. 반대로, 해당 대행사와 첫 협업을 잘 진행하면 일을 꾸준히 받을 수 있게 된다. 이것도 사람 대 사람이 하는 일인지라 대행사 입장에서는 처음 일을 해보는 크리에이터보다는 몇 번 함께 해본 크리에이터와 일을 할 때 편하기 때문이다.

이러한 경험들 때문에 일을 주는 대행사 직원에서 일을 받는 크리에이터 입장이 된 지금, 다음 두 가지는 유념하며 일을 하고 있다.

1. 가이드대로 콘텐츠를 제작할 것
2. 약속한 일정을 꼭 지킬 것

그리고 이 두 가지를 잘 지키다 보니 단발성이 아닌 꾸준히 협찬 문의가 들어오는 크리에이터가 되었다. 그래서인지 연간 계약 제안도 많이 받고 심지어 마케팅 팀 소속으로 스카우트 제안을 준 곳도 있었다.

이 글을 읽는 예비 또는 현 크리에이터들 중 대행사에 근무했던 분들은 극히 소수일 것이다. 대행사에 근무하며 수백 명에게 광고를 췄던 나의 경험담을 바탕으로 이후 진행되는 광고 진행 시 마감과 가이드만큼은 꼭 지키도록 하자. 그럼 콘텐츠 퀄리티는 중요하지 않는 거냐고 묻는다면, 협업 제안이 갔다는 것 자체가 콘텐츠 퀄리티가 좋다는 거다. 이미 실력은 갖췄으니 가이드대로 완성한 콘텐츠를 약속한 기간 내에 업로드만 잘하는 것으로!

원고료로 꾸준히
월급 이상의 수익을 얻은 방법

잘 다니던 회사를 퇴사했던 이유가 여럿 있지만 그중에서 가장 큰 이유는 '수익'이었다. 이건 월급보다 금액이 많고 적고를 말하는 것보다 원고료로 매달 얼마의 금액이 꾸준히 들어오느냐의 이야기다.

사실 누구나 협찬은 받을 수 있다. 여기서 중요한 건 얼마나 '꾸준히' 받을 수 있느냐 하는 점이다. 특히 퇴사까지 고려할 경우 혹은 원고료로 많은 수익을 내고 싶을 경우 이 부분이 더 중요하다. 그리고 꾸준히 협찬을 받는다는 건 나를 찾는 브랜드와 사장님들이 끊이질 않는다는 의미기도 하다. 이건 내가 사장이라고 가정해보면 쉽다. 나의 브랜드가 생겼는데 어떤 크리에이터와 일을 하고 싶을지 말이다. 지금 30초 정도 생각해보길 바란다. 사장이 원하는 건 어쩔 수 없이 돈과 연결이 된다. 크리에이터와의 협업을 통해 큰 매출이 발생한다거나,

적은 원고료로 최대한 많은 게시물이 올라오는 것 등 말이다. 이렇게 나에게 원고료(=돈)를 주는 브랜드와 사장님 입장을 이해하고 내가 실행했던 방법을 공유한다.

•• 내 성과를 직접 확인하고 전달하자

홍보 후 매출이 발생한다는 것은 내 게시물이 효과가 있었다는 거다. 나는 이를 협업이 종료되면 결과보고서 형태로 정리하여 사장님 또는 브랜드 담당자님께 전달하고 있다. 결과보고서 일부를 다음 페이지에서 확인해볼 수 있다.

우선 포스팅을 하기로 한 크리에이터의 가장 큰 임무는 '포스팅'이다. 그 포스팅이 잘된 포스팅이면 더욱 좋다. 잘된 포스팅이란 팔로워들의 관심을 끌어 브랜드 혹은 상품 계정을 팔로우하게 하거나 게시물에 댓글을 달고 저장, 공유를 하며 예비 구매자가 되게 하는 것. 노출 측면에서는 게시물이 내가 고려한 키워드를 검색했을 때 상위에 노출되는 것이다. 그리고 이것들이 합쳐지면 매출로 이어진다.

나에게는 업로드 후 루틴이 있다. 바로 노출 결과를 확인해보는 것. 물론 나도 대부분의 크리에이터들처럼 품앗이 작업(서로 게시물에 댓글을 달아주는 작업)도 놓치지 않는다. 하지만 품앗이보다 더 중요한 건 노출이다. 내가 협찬 과정에서 사장님과 조율을 하고 촬영을 하고 보정을 하고 업로드까지 하는 일련의 긴 과정을 거쳤으면 결과가 잘 나와야 한다. 다행히도 나의 경우 SNS를 오래 하기도 했고 팔로워 규모가 어느 정도 커졌다 보니 내가 고려한 키워드엔 노출이 잘되는 편이라 업로드 후 1시간 정도 뒤쯤엔 노출된 키워드를 다음 페이지의 예시 이미지처럼 모두 캡처하고 파일로 정리를 해둔다. 그리고 사장님 혹은 브랜드 담당자님께 전달하며 이번 홍보 건은 어떤 결과가 있었는지 말씀드린다.

내가 이렇게 결과보고를 할 때마다 다들 놀라신다. 보통은 촬영하고 업로드만 하면 끝이 나는데 이렇게까지 신경써주는 크리에이터를 처음 봤다며 다들 감사하다고 하신다. 내 생각은 이러하다. 엄청나게 많은 크리에이터들 사이에서 나에게 일을 맡겨준 건 감사한 일이다. 때문에 열심히 촬영하고 보정하는 건 당연한 거고 추가로 내가 어떤 걸 더 할 수 있는지 고민해야 한다고 생각한다. 그렇게 고민하다가 우선적으로 생각한 게 결과보고이다. 원고료를 지불하거나 꼭 원고료를 주지 않더라도 나에게 상품 또는 서비스를 제공해주었으니 그에 맞는 혹은 상품 가치보다 더 높은 효율을 내야 한다고 생각했고, 이러한 효율들을 정리해서 공유해드리면 이번 협업으로 어떤 결과가 있었는지 쉽게 아실 수 있을 거라 판단했다.

이건 사장님 혹은 브랜드 담당자가 홍보 결과를 한눈에, 쉽게 볼 수 있게 하기 위해 하는 부분이기도 하지만 나에게도 긍정적인 영향을 미친다. 홍보 결과가 좋았으니 이후에 추가적인 홍보를 진행할 때 나

[제주숙소] 검색 시 게시물 54.4만개 중 상위노출

[제주도숙소] 검색 시 게시물 41.7만개 중 상위노출

[제주독채펜션] 검색 시 게시물 27만개 중 상위노출

[제주감성숙소] 검색 시 게시물 23.6만개 중 상위노출

[강원도펜션] 검색 시 통합 카테고리 1p 노출 - 월간 검색수: 10,200(모바일), 2,470(PC)

[평창펜션] 검색 시 통합 카테고리 1p 노출 - 월간 검색수: 10,300(모바일), 2,040(PC)

▲ 콘텐츠 업로드 전후 팔로우 증가 추이
● 인스타그램 해시태그 인기게시물 탭 노출
▼ 블로그 키워드 상위노출

에게 우선적인 기회가 주어지기 때문이다. 보통 1명의 크리에이터와만 협업하는 곳은 드물다. 수십 명의 크리에이터와 협업해본 후 그중 협업하길 잘했다고 생각나는 크리에이터는 소수일 텐데, 여기서 결과보고를 드린 상황이면 나를 더 또렷하게 기억할 거라고 생각했다. 이건 사장님뿐만 아니라 브랜드 담당자도 마찬가지다.

결과보고를 하게 된 두 번째 이유는 대행사에서 근무하며 모든 일에 결과보고서를 작성했기 때문이다. 이건 대행사뿐만 아니라 대부분의 회사가 그럴텐데, 나의 경우 크리에이터분들과 협업을 하면 얼마나 효과가 있었는지 PPT와 엑셀로 정리해서 광고주에게 보고를 했다. 왜냐하면 광고주의 돈을 들여서 진행한 협업이니 비용 대비 얼마나 큰 효과가 있었는지 보여주어야 하기 때문이다. 그 결과보고서에 추가했던 내용이 현재 내가 사장님들과 브랜드 담당자분들게 드리는 자료들이다.

보통 크리에이터와 협업을 하면 인사이트 캡처본(좋아요, 댓글, 저장, 공유, 도달, 노출 수치) 정도만 받는다. 사실 해시태그 노출 결과나 블로그 상위노출 결과도 필요하지만 해당 수치까지 모두 크리에이터한테 요청하기엔 양이 상당해서 대행사 측에서 하는 업무이다. 이 부분을 알기 때문에 더욱 먼저 공유를 해드렸다. 대행사 직원은 사장님들과 다르게 이번 협업 건이 노출이 많이 되었다고 해서 직원의 월급이 올라가거나 하지 않는다. 하지만 대행사 직원분들게 결과보고서를 전달해드렸을 때 유독 좋아하셨던 건 아마 내가 그분들이 해야 하는 일을 덜어드려서가 클 것 같다. 대행사 직원 입장에선 이 크리에이터랑 협업하면 게시물 노출도 잘 되고 내 일까지 대신해주니 더없이 좋은 크리에이터가 아닐까?

그럼 이쯤에서 이런 생각이 들 수 있다. '아직 팔로워가 많지 않고, 블로그 일방문자수가 적어서 키워드 노출이 안 되는 내 계정은, 사장님께게도 브랜드 담당자께도 결과보고를 할 수 없는 걸까?' 정답은 NO다. 노출이 안 되는 키워드라는 건 없다. 내가 어떤 키워드를 잡느냐에 따라 다르다. 아직 계정의 몸집이 크지 않다면 키워드 노출을 위해 작은 키워드부터 공략하는 것을 추천한다. 인스타그램의 경우 누적 해시태그를 확인하면 되고 블로그는 더욱 쉽게 찾을 수 있는 게 네이버 검색광고 사이트다.

예를 들어 내가 인스타그램에 제주도 맛집 게시물을 올리고 어떤 해시태그를 쓸지 고민되는 상황일 경우 누적 해시태그 개수가 364만 개인 '#제주도맛집'보다는 5,000개 이상의 해시태그가 누적된 '#제주도우도맛집'에 노출될 확률이 더 높다.

블로그의 경우 '네이버 검색광고' 사이트에 접속하면 내가 메인 키워드로 잡으려는 단어의 월간검색수를 조회해볼 수 있다. 인스타그램 해시태그와 마찬가지로 블로그에 월간 모바일 검색수가 22,100회인 '강원도펜션'보다는 1,300회인 '강원도정선펜션'을 키워드로 잡는 게 노출될 확률이 높다. 계정의 몸집이 커지면 커질수록 검색량이 많은 키워드에도 노출이 잘 되니 조금씩 큰 키워드에 도전해보며

#제주도맛집
게시물 364만개

 #제주도우도맛집
게시물 5000+개

인스타그램 누적 해시태그 수량 비교

전체추가	연관키워드 ⑦	월간검색수 ⑦	
		PC	모바일
추가	강원도펜션 ⬛	2,470	10,200
추가	강원도숙소	2,780	10,400
추가	강원도풀빌라	1,170	5,290
추가	수영장펜션 ⬛	370	2,820
추가	강원도가볼만한곳	6,940	62,800
추가	강원도감성숙소	580	2,340
추가	강원도숙소추천	460	2,020
추가	속초가볼만한곳	15,500	137,900
추가	수영장있는펜션 ⬛	20	170
추가	강원도온천	4,030	22,300
추가	고성숙소	1,490	6,870
추가	원주숙박	190	640

블로그 키워드 월간 검색수 비교

내가 어느 정도 키워드엔 도전해볼 만하다라는 점에 대해 감을 잡아
나가는 것도 나름의 재미가 있다.

꾸준히 협찬을 받는 두 번째 방법은 서비스 항목 제공이다. 그리고 여기엔 애프터 서비스도 포함된다. 우선 서비스 항목부터 이야기를 해보려 한다.

서비스 항목 제공: 스토리, 하이라이트 등록

나는 인스타그램 협찬이 들어왔을 때 스토리나 하이라이트 등록 등은 서비스로 많이 진행하고 있다. 사실 가장 베스트는 서비스를 추가로 제공하는 것보다는 원고료를 하향하는 건데, 원고료 하향이 어려울 경우 내가 최대한 할 수 있는 건 많이 해드리려 한다. 이런 서비스는 협찬을 진행할 때 서프라이즈 선물처럼 스토리도 올리고 하이라이트에도 등록한 다음에 사장님이나 브랜드 담당자님께 이러이러한 것도 진행했다고 알리는 것도 좋지만, 처음 원고료를 조율할 때 먼저 제안하는 것도 방법이다.

협찬 문의가 왔을 때 가장 먼저 하는 게 원고료 조율인데 예산보다 원고료가 높을 경우 진행을 망설이는 곳이 많을 것이다. 이때 원고료 하향은 어렵지만 서비스로 내가 할 수 있는 다른 것들을 추가로 해드리겠다고 하면 원고료가 안 맞아서 고민하던 곳도 진행하게 될 확률이 높다. 왜냐하면 원고료만큼이나 발행해주는 콘텐츠 수량이 많기 때문이다.

이렇게 서비스 항목을 제공할 경우 피드 1건의 비용으로 더 많은 콘텐츠가 업로드되니 사장님 입장에선 사업장이 다양한 루트로 홍보되어서 좋고, 대행사 직원 입장에서는 광고주에게 보고할 수 있는 건들이 늘어나게 되어 좋다. 대행사는 크리에이터와 협업 시 적은 비용으로 최대한 많은 콘텐츠를 수급해야 하는데, 이때 서비스 항목이 생길 경우 더 많은 콘텐츠를 보고할 수 있게 되기 때문이다.

애프터 서비스: 모음집, 무엇이든 물어보세요

애프터 서비스의 경우 개인 사장님과 협업할 때 자주 해드리고 있는 항목 중 하나다(대행사의 경우 6개월~1년이 흐른 뒤엔 다른 대행사가 해당 브랜드를 맡고 있을 수도 있기 때문에 애프터 서비스는 의미가 없을 수 있다).

내가 자주 사용하는 애프터 서비스는 '모음집'과 '무엇이든 물어보세요' 기능이다. 모음집은 그동안 다녀왔던 곳들을 주제를 정해 해당 주제에 맞는 장소들을 모아서 올리는 건데 이전에 다녀와서 협업 게시물을 올렸던 곳도 주제에 맞으면 모음집에 추가해서 한 번 더 소개하고 있다.

무엇이든 물어보세요도 마찬가지다. 무엇이든 물어보세요(무물)는 스토리로 팔로워분들이 나에게 궁금한 점을 질문하면 답변을 해주는 콘텐츠다. 이때 이전에 다녀왔던 곳을 한 번 더 언급하는 거다. 물론 억지로 하는 게 아니라 진짜 좋았던 곳들, 질문을 받았을 때 생각나는 곳들로 언급한다. 이렇게 한 번 더 협업했던 곳들을 언급하면 사

인스타그램에 업로드했던 모음집 콘텐츠

장님들께서 잊지 않고 챙겨주셔서 감사하다는 말씀을 많이 하신다. 홍보 결과 보고를 전달해드렸을 때와 마찬가지로 이런 면까지 챙겨주는 크리에이터는 없었다고 고마워해주시는데 이렇게 표현해주시는 덕분에 나도 내가 할 수 있는 방면에서 최선을 다하게 된다.

이런 것들은 크게 어렵지 않다. 나도 했으니 누구나 할 수 있다. SNS에서 내가 하고 싶은 주제를 찾는 일부터 계정 세팅, 콘텐츠 제작, 업로드, 수익화까지 모두 적용해보자. 그리고 이렇게 '꾸준히'만 하면 안 되는 계정은 없다. 이 점을 잊지 않았으면 좋겠다.

에필로그

—

**여행이 본업이 된
크리에이터의 삶**

:

이 책의 프롤로그에서 언급했듯, 나는 좋아하는 일을 하겠다며 잘 다니고 있던 회사를 박차고 나왔다. 그 결과 나는 내 삶에 만족할까?

　마지막으로 나처럼 전업 크리에이터를 꿈꾸는 이들을 위해 나의 퇴사 과정과 퇴사 후, 여행과 콘텐츠가 전업이 된 나의 삶에 대해 솔직하게 얘기해보려 한다. 내가 퇴사를 고민하고 결정할 때 미리 알았으면 좋았을 법한 내용들, 먼저 퇴사를 해본 입장으로써의 현실적인 이야기를 담았으니 독자분들의 선택에 도움이 되었으면 한다.

.. 　　　　　　　　　　　　　　　　　　　　**퇴사 준비**

회사에서 쌓을 수 있는 스킬 최대한 쌓기
퇴사를 마음먹으면 마음이 붕 뜨기 마련이다. 이건 연차를 썼을 때와 비슷한데, 다음날이 연차라면 전날부터 쉴 생각에 일이 손에 안 잡히고 빨리 연차를 쓴 내일이 왔으면 하는 마음이 가득하다.

퇴사도 마찬가지다. 퇴사 날짜가 정해졌거나 혹은 퇴사를 하기로 마음만 먹어도 설레기 마련인데, 나는 이 시기를 잘 활용했으면 좋겠다. 어쩌면 월급을 받으면서 내 능력을 키울 수 있는 마지막 기회일지도 모르니 말이다. 회사에서 지원해주는 도서를 읽는다거나 강의를 듣는 등의 특별활동도 있겠지만 업무를 하는 그 시간이야말로 내 능력을 높일 수 있는 귀한 시간이다. 고객사와 커뮤니케이션을 하는 일, 디자인 작업, 하물며 사수님이 주고받은 메일을 보면서 위기 상황에서는 어떻게 대처하는지 등 업무에 필요한 일들을 모두 배울 수 있다.

1개월 평균 수익 파악하기

퇴사를 하고 싶어하는 사람들의 가장 큰 고민 중 하나가 '월급'이다. 회사를 그만두면 매달 꼬박꼬박 들어오는 소중한 급여를 못 받기 때문이다. 나 또한 이 부분 때문에 최소 사계절 동안의 내 SNS 수익을 파악하려 노력했다.

내가 처음으로 퇴사를 생각했던 게 여행 성수기 시즌, SNS로 발생되는 수익이 월급 정도가 되었을 땐데 이때 들었던 생각이 '회사 다니면서도 SNS로 이 정도 버는데, 퇴사하면 더 벌 수 있는 거 아니야?' 였다. 회사를 다니느라 시간을 낼 수 없는 평일을 제하고, 주말만 촬영하면서도 이 정도인데 평일까지 시간을 쏟으면 몇 배를 벌 수 있을 것 같았기 때문이다. 나를 칭찬하고 싶은 것 중 하나는 그때 퇴사를 하지 않았다는 점이다. 그때만 해도 여행 업계에 성수기/비수기가 있는지도 몰랐고 단지 내가 잘해서 SNS 수익이 많이 발생한 줄 알았다 (여행뿐만 아니라 다른 업종도 성수기/비수기가 있다). 비수기에 돌입하니 월급만큼은커녕, 회사를 안 다녔으면 큰일날 뻔했을 정도로 SNS 수익이 감소했다.

어떤 업계에나 성수기와 비수기는 있다. 최소한 사계절을 겪어보고 난 후 나의 1개월 평균 수익이 어떻게 되는지, 특히 전체적인 수익뿐만 아니라 채널별 수익까지도 파악해야 한다. 서브채널을 운영하고 있다면 인스타그램, 블로그, 유튜브 등 각각의 채널 수익이 어떻게 되고 몇 월이 가장 수익 비중이 높은지 따져보자. 인스타그램이라면 릴스와 사진 중 어떤 형태의 게시물로 SNS 수익이 높았는지 파악해볼 것을 추천한다. 평균 수익이 안정화됐을 때 퇴사해도 늦지 않다.

나는 '위플가계부'라는 앱을 이용해 수익을 정리하고 있다. 개별로

위플 가계부

항목을 만들어 표기할 수 있어 편리하다. 꼭 해당 어플을 이용하지 않더라도 어떤 채널로 수익이 발생됐는지 구분 가능한 가계부 어플이 있다면 사용하며 나의 수익 채널을 파악하는 걸 추천한다.

1개월 평균 광고 문의 건 확인하기

2번의 평균 수익과 이어지는 내용이다. 나의 경우 수익뿐만 아니라 매달 들어오는 광고 문의 건수도 메모장에 정리하고 있다. 이렇게 정리하니 내 업종에서의 성수기와 비수기를 확연하게 느낄 수 있었다.

　성수기에는 확실히 광고 문의가 많았다. 정리를 할 때 어느 지역에서 문의가 왔는지도 함께 정리하면 지역마다의 성수기를 알 수 있다. 이는 성수기/비수기 파악뿐만 아니라 다음 해의 광고도 어느 지역에

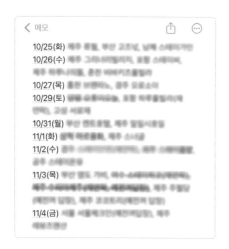

메모장 활용

서 얼마나 들어올지 예측하는 수단으로 활용할 수 있다.

그리고 메일, DM, 문자 등 어떤 경로로 문의가 왔는지도 정리를 하면 나중에 '그때 광고 문의 온 내용이 뭐였지?' 싶을 때 문의받은 플랫폼에서 서치하면 되어서 빠르게 내용 또는 담당자 컨택포인트를 찾을 수 있다.

보통 광고 문의를 휴대폰으로 확인하는 경우가 가장 많기 때문에 내가 빠르게 정리할 수 있는 메모장을 활용하고 있는데, 이건 본인의 취향에 맞게 엑셀이나 노션 등의 프로그램을 활용해 정리하면 된다.

고정수익 확보하기

월급만큼은 아니더라도, 소액이더라도 매달 고정적으로 들어오는 수익이 있다는 건 큰 힘이 된다. 외주 프로젝트를 3개월, 6개월, 1년 등으로 계약을 한다든가 꼭 외주가 아니더라도 플랫폼으로 지급되는 비용을 확보해보는 것도 좋다.

예를 들어 블로그는 애드포스트, 유튜브는 조회수 수익, 인스타그램은 릴스/게시물 수익이 있다. 플랫폼별 수익의 경우 매달 다르겠지만 내 채널에서 최소 얼마 정도는 받을 수 있는지 파악하면 그 금액이 고정수익이 되니 매달이 든든해질 거다.

취미가 곧 나의 일

좋아하는 일이 정말 일(Job)이 되다 보니 내가 그렇게 좋아하던 여행을 온전히 즐겼을 때가 언젠가 싶다. 이 일에도 직업병이 있다. 협찬이 아닌 '내돈내산'으로 여행을 간 거면 촬영을 하지 않아도 되지만, 나는 진짜로 즐기겠다고 여행을 가서도 소위 '콘텐츠 각'이 보이면 핸드폰을 들고 촬영을 하게 된다. 그렇게 한번 찍기 시작하다 보면 끝이 없다. 그리고 더 큰 문제(?)는 촬영에서 끝나는 게 아니라 집에 돌아와서 또 보정을 하고 업로드를 준비한다는 것이다. 분명히 쉬러 갔던 여행이었는데 말이다!

모든 여행이 콘텐츠가 되다 보니 쉬러 여행을 가서도 일을 하고 있는 나를 발견하게 된다. 내가 좋아하는 일을 하겠다고 퇴사를 했지만 좋아하는 일이 직업이 되다 보니 또다시 좋아하는 일, 나의 취미를 찾고 있다. 내가 좋아하는 일이 직업이 되었을 때, 나를 새롭게 환기할 수 있는 방법을 마련해두고 퇴사를 하면 어땠을까 하는 아쉬움이 있다.

수치로 보여지는 직업

이건 양날의 검의 문제인데, SNS 특성상 모든 게시물이 수치화되어 보여진다. 내가 많은 시간을 들여 만든 게시물의 좋아요는 얼마나 되느지, 몇 명이나 댓글을 달았는지 말이다. 정성을 들여 만든 게시물인데 수치가 잘 안 나오면 무엇이 문제인지 몇 날 며칠을 고민한 적이 많다. 뿐만 아니라 매월 입금되는 수익이 다르다 보니 지난달보다 수익이 적을 때는 내 계정이 광고로 매력이 없나? 라는 생각이 들며 자존감까지 낮아질 때가 있었다. 머릿속으로는 수치에 얽매이지 말고 꿋꿋하게 내 갈 길 가자, 라고 생각하지만 마음처럼 쉽게 되지 않을 때가 많다.

서두에 양날의 검이라고 표현했던 것처럼 게시물의 인게이지먼트가 잘 나오거나 수익이 평균보다 높을 때는 내가 잘하고 있다고 느끼며 기분이 좋아진다. 다만 이러한 수치가 나의 기분을 좌지우지하게 두면 안 된다는 것을 누구보다 잘 알고 있다. 수치는 수치일 뿐, 수치가 낮으면 부족한 점을 찾고 보강하면 되는 것으로 끝내고 그날 나의 컨디션엔 더이상 영향을 주지 않도록 멘탈을 잡으려 노력하고 있다.

전업 크리에이터의 장점

그럼에도 내가 이 일을 포기하지 않고 하는 이유는 나에게 느껴지는 장점이 더 크기 때문이다.

내 돈 주고 하기 힘든 경험을 해볼 수 있다.

크리에이터는 보상이 확실한 직업이다. 꾸준히, 열심히만 하면 내 계정은 성장하고 협업의 규모도 점점 달라진다.

몇 년 전 내가 받는 협업의 대부분은 식당 식사권, 카페 이용권이 전부였다. 그 역시도 매우 감사한 마음으로 신기해하며 포스팅을 했던 기억이 있는데 지금의 나는 국내 5성급 호텔뿐만 아니라 1박에 200만원이 넘는 해외 호텔과도 협업을 하게 되었다. 그리고 해외로 협업을 갈 땐 비즈니스 좌석까지 지원을 받으며 여행을 다니고 있다. 내가 열심히 하니 자연스럽게 따라오는 협업들이라 확실한 보상이 있다는 게 큰 동기부여가 된다.

이런 경험들은 선순환이 된다. 내가 협업을 받은 게시물을 업로드하면 그와 비슷한 협업 브랜드에서 또 협업 제안이 이어진다. 실제로 몇 달 전 프랑스와 이탈리아 해외여행 지원을 받게 되어 호텔뿐만 아니라 식음, 비즈니스 좌석까지 타고 유럽을 다녀왔는데 최근에 스위스관광청에서 연락이 와서 다음 일정은 스위스로 잡혔다. 심지어 이번에는 일행까지 동일한 조건으로 지원을 해준다고 하여 촬영을 도와주는 남편까지 비즈니스를 타게 되었다.

덕업일치의 삶

아이러니하게도 단점에서 언급했던 '취미가 곧 나의 일'이 장점처럼 느껴질 때가 많다. 좋아하는 일이 직업이다 보니, 내가 좋아하는 여행을 다니며 돈을 벌 수 있다. 누군가는 비용을 지불하는 서비스를 나는 비용을 받으며 즐기니 말이다. 취미가 사라져서 힘들기도 하지만 좋아하는 일이다 보니 누가 시켜서 하는 느낌보다는 매 순간 즐기면서 할 수 있다. 이 이유야말로 내가 지금까지, 지치지 않고 할 수 있는 이유라고 생각한다.

지금의 내 모습은 내가 특출나게 사진을 잘 찍어서라거나 SNS에 타고난 감각이 있어서 만들어졌다고 생각하지 않는다(아직도 내 예전 게시물을 보면 '입틀막' 할 정도로 엉망진창으로 찍어서 올린 게시물이 많다). 그저 묵묵히 하다 보니, 돌아보니 이만큼 성장해 있었다. 그리고 이건 나에게만 해당되는 이야기가 아니라고 생각한다. 누구에게나 열려 있는 길이고 자신이 좋아하는 분야라면 즐기면서 해볼 수 있는 일이다. 그래서 이 책을 읽은 독자들에게 조심스럽게 제안해보고 싶다.

이 이야기의 다음 주인공이 되어보는 건 어떨까?

부록

—

여행소희가 추천하는
전국 가성비 숙소 100선

가성비 숙소 리스트

여행에서 비용이 가장 많이 나가는 게 숙박이다. 특히 직장을 다니며 여행 크리에이터를 병행할 경우 월급으로 숙박비를 충당해야 하니 숙박비를 얼마나 세이브 하냐에 따라 지출이 크게 차이가 났다. 월급으로 여행 다닐 수 있는, 여행 경비를 아껴줄 수 있는 전국 가성비 숙소 리스트를 공유한다.

여행소희 @_sohee.e 픽 전국 가성비 숙소 모음집. 지역마다 다양하게 리스트업 해봤으니 취향에 맞는 곳으로 골라보자.

- 가격은 시즌에 따라 변동될 수 있으니 여행을 가는 시기에 맞춰 한번 더 검색해보는 것을 추천한다.

강원도

1. 오엔스테이
지역: 강원도 강릉 | 가격(1박): 9.9만원부터

코멘트   3분만 걸으면 바다가 펼쳐지는 곳

2. 미라벨펜션
지역: 강원도 강릉 | 가격(1박): 7.9만원부터

코멘트   24년도에 리모델링한 곳, 숲캉스를 좋아한다면 여기

3. 언제나소돌

지역: 강원도 강릉 ㅣ 가격(1박): 7.5만원부터

코멘트 · 깔끔한 화이트 인테리어의 오션뷰 숙소

4. 스카리아풀빌라

지역: 강원도 강릉 ㅣ 가격(1박): 9.9만원부터

코멘트 · 도보 5분 거리 강문해변과 가까운 숙소

5. Cn6풀빌라

지역: 강원도 강릉 ㅣ 가격(1박): 8.9만원부터

코멘트 · 어느 객실을 예약해도 풀빌라를 이용할 수 있는 곳

6. 리벤티아풀빌라

지역: 강원도 강릉 ㅣ 가격(1박): 10.9만원부터

코멘트 · 전객실 프라이빗 미온수 수영장이 있어 물개들에게 추천

7. 스테이수안

지역: 강원도 강릉 ㅣ 가격(1박): 13.9만원부터

코멘트 · 저도 다녀온 곳, 오션뷰+감성까지 다 갖춘 신축 펜션

8. 오후세시

지역: 강원도 강릉 ㅣ 가격(1박): 9.9만원부터

코멘트 · 사계절의 변화를 느낄 수 있는 숙소

9. 더원펜션

지역: 강원도 강릉 ㅣ 가격(1박): 9.9만원부터

코멘트 · 저도 다녀온 곳, 24년 리모델링해서 깨끗함

10. 지브 스파 펜션

지역: 강원도 강릉 ㅣ 가격(1박): 7.9만원부터

코멘트 · 저도 다녀온 곳, 통창 오션뷰+야장 바이브 바베큐장 있는 숙소

11. 그란데마레 풀빌라펜션

지역: 강원도 강릉 | 가격(1박): 9.9만원부터

코멘트

사천해변과 가까운 통창 숙소

12. 춘성

지역: 강원도 고성 | 가격(1박): 12.9만원부터

코멘트

천진해변 근처 오션뷰 숙소

13. 아지로펜션

지역: 강원도 고성 | 가격(1박): 11만원부터

코멘트

오션뷰 스파가 있는 숙소

14. 어달오션펜션

지역: 강원도 동해 | 가격(1박): 5.8만원부터

코멘트

바다와 10초거리에 위치한 통창 오션뷰 숙소

15. 바다담스파풀빌라펜션

지역: 강원도 동해 | 가격(1박): 12.5만원부터

코멘트

전객실 오션뷰, 스파까지 있는 숙소

16. 더샵 스파 펜션

지역: 강원도 속초 | 가격(1박): 10.9만원부터

코멘트

장사항 30초 거리, 바다와 가까운 숙소

17. 소소한이야기

지역: 강원도 양양 | 가격(1박): 7만원부터

코멘트

양양 서피비치에서 5분거리에 위치한 숙소

18. 스테이다로

지역: 강원도 양양 | 가격(1박): 4.9만원부터

코멘트

양양 하조대해수욕장과 도보 5분 거리에 위치

경기도

19. 무지개농원
지역: 경기도 가평 | **가격(1박)**: 11.9만원부터

코멘트   서울 근교에서 글램핑을 즐기고 싶다면 이 곳

20. 오하브 글램핑
지역: 경기도 가평 | **가격(1박)**: 16.4만원부터

코멘트   반려동물 동반 가능한 글램핑장

21. 숨쉬는고래글램핑
지역: 경기도 가평 | **가격(1박)**: 9.9만원부터

코멘트   계곡, 사우나, 수영장, 노래방이 있는 글램핑장

22. 블루문펜션
지역: 경기도 가평 | **가격(1박)**: 15만원부터

코멘트   전객실 숲속 뷰, 개별 바비큐 가능한 숙소

23. 카사레스펜션
지역: 경기도 가평 | **가격(1박)**: 10만원부터

코멘트   서울과 가깝고 풀장뷰 바베큐장이 있는 숙소

24. 아이리스펜션
지역: 경기도 가평 | **가격(1박)**: 10.5만원부터

코멘트   개별 핀란드 사우나가 있는 가평 숙소

25. 더드림핑 글램핑
지역: 경기도 남양주 | **가격(1박)**: 9.9만원부터

코멘트   저도 다녀온 곳, 당일 글램핑 가능한 곳

26. 행복한흙집

지역: 경기도 양평 ㅣ 가격(1박): 15만원부터

코멘트   인스타그램에서 유명한 촌캉스 분위기 숙소

27. 프티트자르뎅

지역: 경기도 양평 ㅣ 가격(1박): 10.9만원부터

코멘트   유럽 감성을 느낄 수 있는 곳

28. 금빛하늘아래 한옥스테이

지역: 경기도 양평 ㅣ 가격(1박): 12.9만원부터

코멘트   한옥에서 글램핑 감성까지 느낄 수 있는 곳

29. 아그니 초시매 한옥스테이

지역: 경기도 양평 ㅣ 가격(1박): 14.9만원부터

코멘트   솥뚜껑 바비큐가 가능한 촌캉스 펜션

30. 비바코한옥스테이

지역: 경기도 양평 ㅣ 가격(1박): 9.9만원부터

코멘트   사우나+바베큐+불멍까지 가능한 곳

31. 자연을담은집

지역: 경기도 양평 ㅣ 가격(1박): 15.9만원부터

코멘트   인스타 핫플, 솥뚜껑 바비큐가 가능한 곳

32. 나무요일

지역: 경기도 이천 ㅣ 가격(1박): 11만원부터

코멘트   주말도 10만원대에 갈 수 있는 가성비 숙소

33. 제부리펜션

지역: 경기도 제부도 ㅣ 가격(1박): 10만원부터

코멘트   야외 바베큐장+몽골텐트가 있는 제부도 펜션

34. 사인웨이브
지역: 경기도 파주 | 가격(1박): 12만원부터

코멘트 마치 스튜디오 같은 곳, 가격대비 최고 감성 숙소

경상도·부산

35. 벚꽃길지나서
지역: 경상남도 남해 | 가격(1박): 10.6만원부터

코멘트 오션뷰+윤슬 맛집

36. 사우스반
지역: 경상남도 남해 | 가격(1박): 12만원부터

코멘트 시골집을 개조한 촌캉스 분위기 숙소

37. 빌라드남해
지역: 경상남도 남해 | 가격(1박): 13만원부터

코멘트 바다를 보며 히노끼탕을 즐길 수 있는 숙소

38. 더파티펜션
지역: 경상남도 남해 | 가격(1박): 11만원부터

코멘트 인스타그램에서 유명한 바베큐장 숙소

39. 고래의꿈
지역: 경상남도 남해 | 가격(1박): 10만원부터

코멘트 전객실 오션뷰, 조식까지 주는 숙소

40. 스테이화개
지역: 경상남도 하동 | 가격(1박): 10만원부터

코멘트 벚꽃길과 지리산 계곡이 바로 앞에 있는 숙소

41. 두번째벚꽃

지역: 경상남도 하동 | 가격(1박): 13만원부터

코멘트   넓은 마당에 벚꽃나무가 푹 안겨있는듯한 숙소

42. 금빛채 풀빌라

지역: 경상북도 경주 | 가격(1박): 6.9만원부터

코멘트   호수뷰를 만끽할 수 있는 경주 숙소

43. 제이코코

지역: 경상북도 밀양 | 가격(1박): 12만원부터

코멘트   밀양댐에 보이는 미온수 수영장 펜션

44. 메르벨르펜션

지역: 부산 기장 | 가격(1박): 13만원부터

코멘트   전객실 오션뷰 가성비 풀빌라를 찾는다면 여기

45. 스테이서몽

지역: 부산 해운대 | 가격(1박): 13.7만원부터

코멘트   송정해수욕장 도보 1분거리 숙소

서울·인천

46. 스테이러브리

지역: 서울 동작구 | 가격(1박): 12만원부터

코멘트   단체로 가기에도 좋은 곳

47. 사당이층집

지역: 서울 동작구 | 가격(1박): 13만원부터

코멘트   루프탑까지 이용 가능한 서울 시내 한복판 숙소

48. 시시하우스
지역: 서울 마포구 | 가격(1박): 10.8만원부터

코멘트
근처에 유명한 카페와 맛집이 가득한 곳

49. 아름다운 황토집
지역: 서울 은평구 | 가격(1박): 15만원부터

코멘트
서울 도심의 분위기와는 사뭇 다른 곳

50. 찰스앤그레타
지역: 서울 은평구 | 가격(1박): 12.9만원부터

코멘트
반려동물 동반 가능한 서울 가성비 숙소

51. 아늑한
지역: 서울 종로구 | 가격(1박): 85000원부터

코멘트
서울 야경이 보이는 낙산공원과 도보 10분 거리에 위치한 곳

52. 슈슈의숲
지역: 인천 강화도 | 가격(1박): 11만원부터

코멘트
서울 근교에서 가볍게 당일 글램핑을 하고 싶다면 여기

53. 메리글램핑
지역: 인천 영흥도 | 가격(1박): 13.9만원부터

코멘트
온수 수영장이 있는 서울 근교 글램핑장

54. 온더비치 풀빌라&글램핑
지역: 인천 영흥도 | 가격(1박): 11.9만원부터

코멘트
이국적인 분위기의 오션뷰 글램핑장

55. 마작펜션
지역: 인천 영흥도 | 가격(1박): 15만원부터

코멘트
전객실 통창 오션뷰 숙소

전라도

56. 아로새기다
지역: 전라남도 고흥 | 가격(1박): 16만원부터

코멘트   자연으로 둘러 쌓인 곳, 통창이 있고 고양이들이 많음 ♥

57. 섬진강댁
지역: 전라남도 구례 | 가격(1박): 12만원부터

코멘트   바비큐, 불멍 가능한 촌캉스 숙소

58. 스테이 섬진강댁
지역: 전라남도 구례 | 가격(1박): 11만원부터

코멘트   시골집을 개조한 숙소, 불멍과 바비큐 모두 가능

59. 로제의 그림처럼
지역: 전라남도 구례 | 가격(1박): 8만원부터

코멘트   야외 데크에서 새소리를 들을 수 있는 자연친화적 숙소

60. 낭만밤바다펜션리조트
지역: 전라남도 여수 | 가격(1박): 6.7만원부터

코멘트   여수엑스포역 근처, 오션뷰 펜션

61. 이가한옥
지역: 전라북도 전주 | 가격(1박): 4.5만원부터

코멘트   작은 방부터 큰 방까지 객실 타입 다양한 편

62. 부경당
지역: 전라북도 전주 | 가격(1박): 4.5만원부터

코멘트   전주 한옥마을 내에 위치

63. 전주한옥마을 덕수궁

지역: 전라북도 전주 | 가격(1박): 4.5만원부터

코멘트   고양이가 있어서 집사들에게 추천 하는 곳

64. 마당예쁜집

지역: 전라북도 전주 | 가격(1박): 4.7만원부터

코멘트   마당부터 뒷뜰까지 잘 꾸며져 있는 곳

충청도

65. 스테이4월7일

지역: 충청남도 태안 | 가격(1박): 10만원부터

코멘트   꽃지해수욕장 근처 숙소

66. 추억만들기

지역: 충청남도 태안 | 가격(1박): 5.5만원부터

코멘트   오션뷰에 무제한 개별 바비큐까지 가능한 곳

67. 스테이무요일

지역: 충청남도 태안 | 가격(1박): 7.9만원부터

코멘트   바다 바로 앞 전객실 오션뷰 펜션

68. 골든비치펜션

지역: 충청남도 태안 | 가격(1박): 8만원부터

코멘트   이글루돔 바베큐장이 있는 이색 오션뷰 숙소

69. 스테이가경주

지역: 충청남도 태안 | 가격(1박): 5.5만원부터

코멘트   감성 바베큐장에 갓성비까지 모두 갖춘 곳

70. 로컬하우스

지역: 충청남도 공주 | 가격(1박): 9.5만원부터

코멘트   저도 다녀온 곳! 가격대비 만족했던 숙소

제주도

71. 라르고

지역: 제주도 구좌읍 | 가격(1박): 15만원부터

코멘트   주말도 15만원, 깔끔한 독채 펜션, 노키즈존

72. 호즈

지역: 제주도 구좌읍 | 가격(1박): 16만원부터

코멘트   미드센추리컨셉 2인 독채 숙소

73. 인별

지역: 제주도 구좌읍 | 가격(1박): 9.9만원부터

코멘트   월정리 해수욕장과 가깝고 주변 인프라까지 좋음

74. 여전히제주

지역: 제주도 구좌읍 | 가격(1박): 13만원부터

코멘트   10만원대에 즐기는 독채 숙소

75. 셀러리

지역: 제주도 구좌읍 | 가격(1박): 10만원부터

코멘트   인스타그램 감성숙소로 유명한 곳

76. 스테이얼타

지역: 제주도 구좌읍 | 가격(1박): 9.5만원부터

코멘트   돌담 너머로 세화해변이 보이는 곳

77. 풀스테이바르
지역: 제주도 구좌읍 | 가격(1박): 15만원부터

코멘트   운이 좋으면 돌고래까지 볼 수 있는 오션뷰 숙소

78. 하도리동동동
지역: 제주도 구좌읍 | 가격(1박): 12만원부터

코멘트   주말도 10만원 초반대인 숙소

79. 제주하도
지역: 제주도 구좌읍 | 가격(1박): 19만원부터

코멘트   제주도 감성 가득한 돌집 숙소

80. 소이연가
지역: 제주도 남원읍 | 가격(1박): 14만원부터

코멘트   무료 조식까지 즐길 수 있는 곳

81. 스테이하례
지역: 제주도 남원읍 | 가격(1박): 15만원부터

코멘트   통창 뷰가 멋진 숙소

82. 과수원집 소원재
지역: 제주도 남원읍 | 가격(1박): 13만원부터

코멘트   주말도 10만원대인 감성숙소

83. 귤림재
지역: 제주도 성산읍 | 가격(1박): 14만원부터

코멘트   주말도 10만원대, 자쿠지와 정원이 있는 숙소

84. 앳코너
지역: 제주도 제주시 | 가격(1박): 9만원부터

코멘트   공항 근처 숙소를 찾는다면 여기

85. 춤추는달

지역: 제주도 중문 | 가격(1박): 9만원부터

코멘트   평일 9만원, 주말 11만원 가성비 최고

86. 오마이코티지

지역: 제주도 안덕면 | 가격(1박): 17만원부터

코멘트   저도 다녀온 곳, 저만 알고 싶지만 공유

87. 소울스테이

지역: 제주도 애월읍 | 가격(1박): 15만원부터

코멘트   주말도 10만원대인 독채 자쿠지 숙소

88. 애월 오션스테이

지역: 제주도 애월읍 | 가격(1박): 6.1만원부터

코멘트   주변에 핫플이 많아 접근성까지 좋은 숙소

89. 오늘

지역: 제주도 표선면 | 가격(1박): 9만원부터

코멘트   시골집을 개조해서 만든듯한 곳, 화이트 인테리어

90. 빈티지제주

지역: 제주도 한경면 | 가격(1박): 10만원부터

코멘트   뒷문으로 나가면 작은 정원이 있어 티타임+맥주타임으로 제격

91. 스테이오제

지역: 제주도 한경면 | 가격(1박): 13만원부터

코멘트   인스타그램에서 이벤트 자주 하는 편(참고해서 예약하기)

92. 오운스테이

지역: 제주도 한경면 | 가격(1박): 16만원부터

코멘트   평일 주말 모두 16만원

93. 제주노을채

지역: 제주도 한경면 | 가격(1박): 14만원부터

코멘트

주말도 10만원대에 자쿠지까지 즐길 수 있는 곳

94. 제주와서

지역: 제주도 한경면 | 가격(1박): 15만원부터

코멘트

협재해수욕장과 가까운 숙소

95. 시재시재

지역: 제주도 한경면 | 가격(1박): 12만원부터

코멘트

주말도 14만원인 가성비 독채 숙소

96. 쇼어261

지역: 제주도 한경면 | 가격(1박): 17만원부터

코멘트

가고싶어서 찜해둔 곳. 햇살이 예쁜 감성숙소

97. 646미터퍼세크

지역: 제주도 한경면 | 가격(1박): 17만원부터

코멘트

바다와 가까운 제주도 서쪽 숙소

98. 스테이아하

지역: 제주도 한림읍 | 가격(1박): 17만원부터

코멘트

수영장이 있어 여름에 가기 좋은 곳

99. 풀벗아그리투리스모

지역: 제주도 한림읍 | 가격(1박): 14만원부터

코멘트

돌담이 보이는 제주 서쪽 감성숙소

100. 멀왓스테이

지역: 제주도 한림읍 | 가격(1박): 4.9만원부터

코멘트

갓성비 최고, 넓은 창까지 있는 숙소

이 일도 여행이 된다면

© 박소희

2025년 2월 25일 초판 1쇄 발행
2025년 3월 25일 초판 2쇄 발행

지은이 박소희
펴낸이 김재범
펴낸곳 (주)아시아
출판등록 2006년 1월 27일 제406-2006-000004호
전자우편 bookasia@hanmail.net

ISBN 979-11-5662-735-7 03320